广东新材料产业及促进政策研究

Guangdong Xincailiao Chanye Ji Cujin Zhengce Yanjiu

赵 敏 康德飞 等 / 编著

華南理工大學出版社
SOUTH CHINA UNIVERSITY OF TECHNOLOGY PRESS
·广州·

图书在版编目（CIP）数据

广东新材料产业及促进政策研究/赵敏，康德飞等编著. —广州：华南理工大学出版社，2014. 9

ISBN 978 -7 -5623 -4294 -6

Ⅰ. ①广…　Ⅱ. ①赵…　②康…　Ⅲ. ①材料工业 - 产业发展 - 研究 - 广东省　Ⅳ. ①F426

中国版本图书馆 CIP 数据核字（2014）第 141005 号

广东新材料产业及促进政策研究

赵敏　康德飞　等编著

出 版 人：韩中伟

出版发行：华南理工大学出版社

（广州五山华南理工大学 17 号楼，邮编 510640）

http://www. scutpress. com. cn　E-mail：scutc13@ scut. edu. cn

营销部电话：020 - 87113487　87111048（传真）

责任编辑：吴翠微

印 刷 者：广东省农垦总局印刷厂

开　　本：787mm ×1092mm　1/16　**印张：**13. 75　**字数：**208 千

版　　次：2014 年 9 月第 1 版　2014 年 9 月第 1 次印刷

定　　价：45. 00 元

编 写 人 员

赵　敏　　华南理工大学材料科学与工程学院
彭俊彪　　华南理工大学材料科学与工程学院
刘仲武　　华南理工大学材料科学与工程学院
何　慧　　华南理工大学材料科学与工程学院
韦江雄　　华南理工大学材料科学与工程学院
宁成云　　华南理工大学材料科学与工程学院
欧阳柳章　华南理工大学材料科学与工程学院
税安泽　　华南理工大学材料科学与工程学院
杜　军　　华南理工大学材料科学与工程学院
郭宝春　　华南理工大学材料科学与工程学院
严玉蓉　　华南理工大学材料科学与工程学院
殷素红　　华南理工大学材料科学与工程学院
王　丹　　华南理工大学材料科学与工程学院
康德飞　　华南理工大学材料科学与工程学院
彭树立　　华南理工大学材料科学与工程学院
廖燕菲　　华南理工大学材料科学与工程学院
晏　锦　　华南理工大学材料科学与工程学院

编者的话

新材料产业是国家基础性和支柱性战略产业，是现代高新技术和产业的基础与先导。任何一种高新技术的突破都以该领域的新材料技术突破为前提。新材料产业是我国七个重点发展的战略性新兴产业之一，也是广东省重点培育的八大战略性新兴产业之一。为加快提升新材料产业国际竞争力，促进产业结构调整和升级，作者们针对新材料产业发展趋势，并结合广东省实际情况，编著本书——《广东新材料产业及促进政策研究》。

本书详细分析了国内外新材料产业发展现状及动态，深入研究了广东省新材料产业的发展现状，在借鉴国内外新材料产业相关促进政策的基础上，从广东省新材料产业发展实际情况出发，提出了促进广东省新材料产业发展的政策和建议。

最后，特借此机会，感谢为本书的编著工作提供支持和帮助以及提出宝贵意见的华南理工大学公共管理学院李胜会副教授、华南理工大学经济与贸易学院徐枫副教授、华南理工大学工商管理学院张鹏副研究员、华南理工大学发展规划处向兴华研究员、华南理工大学材料科学与工程学院余其俊教授、吴建青教授等。

前　　言

战略性新兴产业是以重大技术突破和重大发展需求为基础，对经济社会全局和长远发展具有重大引领带动作用的知识技术密集、物质资源消耗少、成长潜力大、综合效益好的产业，是引导未来经济社会发展的重要力量。经过全球金融危机的“阵痛”，世界众多国家和地区都把战略性新兴产业作为抢占未来经济制高点的“新宠”，美国、欧盟、日本、韩国、新加坡等国家和地区纷纷制定新兴产业发展战略，抢先布局新能源、电动汽车、生命健康、宽带网络、生物医药等新兴技术领域，把新兴产业发展作为经济增长的新动力。

新兴产业在其发展初期，大多为缺少竞争优势的“朝阳”产业，技术和市场风险高、不确定性强、资产投入不足，其发展不能完全依赖于市场的自发行为，需要政府采取一系列的政策措施对产业发展各环节进行必要的培育和扶持。近年来，发达国家争先制定强有力的产业促进政策，力图以政策优势抢占新兴产业发展的主动权。例如，美国政府采取一系列补贴、减税、政府担保贷款等措施，财政支持140亿美元大力发展电动汽车产业；德国政府安排5亿欧元的电动汽车研发预算，全力推动电动汽车产业发展；法国政府建立200亿欧元的“战略投资基金”，主要用于投资和入股能源、汽车、航空和防务等战略企业。发达国家对战略性新兴产业的扶持政策充分体现了政府在推动战略性新兴产业发展中的重要组织和引导作用。

我国政府高度重视培育发展战略性新兴产业，力争抓住第四次产业革命的战略机遇，掌握产业发展的主动权。2010年9月8日，国务院常务会议审议并原则通过《国务院关于加快培育和发展战略性新兴产业的决定》（国发〔2010〕32号），提出了扶持发展战略性新兴产业的一揽子政策措施。2011 年 5 月 30 日，胡锦涛总书记在中共中央政治局组织的“培育发展战略性新兴产业研究集体学习”会议上强调，加快培育发展战略性新兴产业是我国经济社会发展的重大战略任务，各级党委和政府要加强组织领导和统筹协调，加大政策支持力度，加强规划编制、政策落实等协调指导工作，加快推进相关领域改革，遵循规律，因地制宜，切实加大工作力度，把战略性新兴产业加快培育成为先导产业和支柱产业。

与此同时，全国各地纷纷对战略性新兴产业进行具体规划部署，力争在新一轮产业竞赛中先人一步，抢先迈入战略性新兴产业发展的快车道。江苏、北京、上海、浙江、湖南、黑龙江等地相继制定了促进战略性新兴产业发展的政策措施，结合本地实际选择了一批战略性新兴产业作为主攻对象，期望将其发展成为区域经济的先导产业和支柱产业。广东省委、省政府按照国家关于培育发展战略性新兴产业的重大战略部署，及时谋划，主动出击，2010 年初就明确提出要重点在高端电子信息、电动汽车和 LED 三大产业实现率先突破，并成立了省促进战略性新兴产业发展领导小组，加强对广东战略性新兴产业发展工作的组织领导和政策协调工作。2010 年 5 月，广东省委、省政府出台《关于加快经济发展方式转变的若干意见》，提出“十二五”期间广东省财政每年新增安排 20 亿元，五年共 100 亿元集中支持引导战略性新兴产业发展。

广东省科技厅积极贯彻省委、省政府关于发展战略性新兴产业的重大战略部署，高度重视政策研究和落实工作。2010 年以来，广东省科技厅依托重大软科学研究课题，组织华南理工大学、广东省技术经济研究发展中心等单位 80 多位专家学者组成专题课题组，开展广东省战略性新兴产业及促进政策研究，历时近一年，对国内外战略性新兴产业发展趋势和促进政策进行了全面的跟踪分析，对广东 LED、新能源汽车、生物医药、新材料、新能源等多个重点发展的战略性新兴产业的基本现状、竞争态势和促进政策进行了专题研究，形成了“广东战略性新兴产业及促进政策研究丛书”。

本丛书是我国第一套关于战略性新兴产业促进政策的丛书，对于各地各部门研究和制定战略性新兴产业相关政策措施具有一定的参考价值。总的来说，本丛书具有如下一些特点：一是科学性。本丛书课题组由熟悉战略性新兴产业的技术专家和经验丰富的政策制度专家组成，在充分摸清广东战略性新兴产业发展现状的基础上，通过引入技术路线图、SWOT分析以及“钻石模型”等科学研究方法，对广东可以采取的发展战略及政策措施进行了科学严谨的分析，具有较强的科学性和较高的可信度。二是系统性。本丛书系统全面地研究了战略性新兴产业形成发展规律、政策需求特点、政策作用机制以及美国、日本、欧盟等发达国家和地区的主要政策措施等内容，深入地分析了LED、生物医药、新能源等广东省重点发展的产业领域面临的机遇和挑战，提出了包括研究开发、市场推广、金融支持、人才建设、财税扶持等涉及政府多方面职能的政策建议，每本书各有侧重却又互成体系，具有较强的逻辑性和系统性。三是实用性。本丛书针对当前广东省战略性新兴产业的发展实际，在政策设计上力求实现与现有政策有效对接，提高政策建议的实用性和可操作性。四是创新性。本丛书从“创新2.0”理念出发，提出了战略性新兴产业发展的双螺旋模型，并以此为政策框架设计的指导思想，构建了基于创新链的战略性新兴产业促进政策“钻石模型”，具有一定的理论创新性。同时，在充分借鉴国内外发展战略性新兴产业政策经验的基础上，还提出了一些具有一定创新性的政策措施建议。

目前，各部门正在加紧研究制定促进战略性新兴产业发展的政策措施，对战略性新兴产业促进政策的决策参考需求十分迫切。本丛书从战略性新兴产业的发展规律出发，对一些重大理论和实践问题进行了初步探索，提出了一些对策建议，力求为有关部门提供重要的决策参考。由于时间仓促和水平有限，书中难免存在纰漏和不足之处，敬请读者批评指正。

编　者

2014年4月

目　　录

第一章

国内外新材料产业发展概况

第一节　新材料领域发展趋势

一、新材料定义与分类

新材料是指用新原理、新工艺研制或制备出具有优异特性和功能的，以高性能、复合化、低成本为目的，可满足高技术需要的材料。科技部在《新材料及新材料产业界定标准（2004 年）》中严格界定了新材料。新材料是指满足以下条件之一的材料：新出现或正在发展中的具有传统材料所不具备的优异性能的材料；高技术发展需要，具有特殊性能的材料；由于采用新技术（工艺、装备），使材料性能比原有性能有明显提高，或出现新的功能的材料。国家发展和改革委员会高新技术司编写的《中国新材料产业发展报告（2009）》将新材料定义为：新材料是指新出现的或已在发展中、具有传统材料所不具备的优异性能和特殊功能的材料。

新材料是现代高技术发展的先导和基石，是 21 世纪技术的支柱。欧共体的“科技预测评价”（FAST）项目把信息技术称为今天的技术，新材料技术称为明天的技术，生物技术称为后天的技术。各个国家历来重视材料，特别是新材料的发展。

新材料在国际上受到高度的重视，发达国家将其列为国家经济、科技、国防等重大发展计划，作为强化其经济与军事优势的手段，作为新一轮竞争的重要战略举措，其发展速度很快，新产品新技术不断大量涌现，而且从研发到产业化的周期愈来愈短，形成了一个大的新材料市场。新材料产业具有科技含量高、产品附加值大、产品未来利用空间广阔及利税产出较为丰厚的特点，对区域工业经济的拉动作用十分明显。

近十年来，世界材料产业的产值以每年约 30% 的速度增长。当前，微电子、光电子、新能源、化工新材料成为研究最活跃、发展最快、应用前景最被投资者看好的新材料领域。在我国经济强劲复苏和高新技术产业迅猛发展的拉动下，我国新材料市场将继续保持高速增长，强力带动产业的发展。另外，我国政府在科研经费投入、产业规划、产业政策及科技成果转化等方面对新材料产业给予了高度关注和大力支持。目前新材料产业上市公司有近70家，多家公司处于行业龙头地位，新材料产业的发展尚有巨大空间，同时它也会支撑、带动和促进相关产业的快速发展。

新材料产业属于基础性产业，是许多高新技术的基础，其门类复杂，包括的范围广泛，而且学科交叉性强。按照用途它可分为：高性能结构材料、先进复合材料、电性和磁性材料、光学功能材料、信息功能材料、新能源材料、生物医用材料、智能材料、纳米材料、生态环境材料等。新材料产业的具体应用领域见表1－1。按照学科领域它可分为：光电信息新材料、生物医用材料、新型高分子材料、建筑节能材料、先进金属材料等。

表1－1　新材料分类（按用途划分）

种属材料类型	细分材料类型
高性能结构材料	超级钢、先进铝合金、先进钛合金、高温合金、新型陶瓷、新型玻璃、新型高分子材料
先进复合材料	金属基复合材料、陶瓷基复合材料、高分子基复合材料、炭/炭复合材料、梯度功能材料
电性、磁性材料	电阻材料、半导体材料、超导材料、永磁材料、软磁材料、其他新型磁性材料
光学功能材料	红外光学材料、发光材料、照明材料、激光材料
信息功能材料	信息存储材料、信息显示材料、信息传输材料、光电材料、信息处理材料
新能源材料	太阳能材料、储氢材料、锂离子电池材料、燃料电池材料、核能材料

续表 1－1

种属材料类型	细分材料类型
智能材料	形状记忆合金材料、无机非金属智能材料、智能高分子凝胶
生物医用材料	医用金属和合金、生物陶瓷、医用高分子材料
纳米材料	纳米磁性材料、纳米微粒催化剂、生物纳米材料
生态环境材料	天然材料、循环再生材料、低环境负荷材料、环境污染控制材料

资料来源：课题组根据有关材料整理。

根据《广东省新材料产业发展“十二五”专项规划》有关扶持新材料产业发展的政策措施，广东省将重点发展“先进金属材料、新型无机非金属材料、高性能有机高分子材料及复合材料、特种精细化工材料、新型稀土功能材料”等5大领域，优先发展高端新型电子信息材料、半导体照明材料、新能源汽车材料等。

本书将围绕广东具有发展潜力的有机发光材料、生物医用材料、新型高分子（纺织、塑料和橡胶）材料和先进金属（储氢、铝合金和磁性）材料等领域进行研究和分析，对相关产业政策提出建议。

二、新材料技术发展趋势

（一）有机发光材料

有机物发光领域包括光致发光、电致发光、化学发光、生物发光等，而近年来发展最快的是有机电致发光和聚合物太阳能电池。

有机电致发光是指有机材料在电流或电场的激发作用下发光的现象。有机发光器件（Organic Light Emitting Device，OLED）的发光属于电流注入型发光。在正向电压驱动下，阳极向发光层注入空穴，阴极向发光层注入电子，注入的空穴和电子在发光层中相遇结合成激子，激子复合并将能量传递给发光材料，后者经过辐射弛豫过程而发光。有机电致发光材料的巨大吸引力在于它具有以下特点：材料选择范围宽，可实现可见光范围内任何颜色的发光；驱动电压低，发光亮度和发光效率高，有利于节能降耗；发光颜色鲜艳、色彩还原度高、可视角度宽；响应速度快；超薄，重量轻；功耗低；可制作在柔性衬底上实现柔性发光的器件；工作温度范围宽，低温（-40℃）下可正常工作。

有机电致发光现象及相应的研究早在20世纪60年代就开始了。1963年美国纽约大学的Pope等第一次发现有机材料单晶蒽的电致发光现象，但单晶的厚度达20μm，驱动电压高达400V，因此未能引起广泛的研究兴趣。直到1987年Eastern Kodak公司的Tang等发明了三明治结构的薄膜型器件，采用有机小分子材料8-羟基喹啉铝（Alq3），与具有空穴传输特性的芳香二胺制成均匀致密的高质量薄膜，并制成有机电致发光器件，其具有高亮度、高量子效率、高发光效率和低工作电压等优良性能，具有产业应用潜力，标志着有机电致发光领域进入了孕育实用化的时代。1990年英国剑桥大学的Friend等研究人员报道了在低电压下高分子电致发光的现象，揭开了高分子发光材料和器件研究的新领域。1992年美国加州大学的Heeger等人发明了用塑料作基板制备可弯曲的发光器件，将有机电致发光最为迷人的一面展现在人们面前。1997年有机电致磷光发光材料的发现，突破了有机电致发光材料内量子效率不能超过25%的限制，使有机电致发光材料与器件的研究进入一个新时期。

虽然OLED具有诸多的优点，但早期有机/高分子发光材料与器件的性能离实用化尚有较大差距，如稳定性差、寿命较短，使人们对其产业前景缺乏信心。近年来，随着材料合成技术的进步和器件工艺的成熟，OLED的工作寿命大大延长，有机/高分子OLED技术的实用化进程取得了突破性进展，产业化进程明显加快，已经实质性进入产业化阶段，且OLED产品生产规模快速扩大。

聚合物太阳能电池是指有源组成为聚合物（高分子）半导体材料的一种新型的薄膜太阳能电池，是一种有潜力的低成本可再生能源技术，具有重量轻、分子结构设计灵活、材料来源丰富、价格低廉、可通过印刷技术实现大面积制备以及不需要高温制备工艺等诸多优点，在太阳能发电、发电式建筑外墙、野外便携式充电器、太阳能电动交通工具等方面具有广阔的应用前景。因此，聚合物太阳能电池自 20 世纪 90 年代发明以来，一直是国际上研究的热点。其能量转化效率最初仅有 1% 左右，在 2008 年前后被提高到 6% ～ 7%，2012 年华南理工大学高分子光电材料与器件研究所首次在科学文献中报道了 9% 以上的高效率[①]。目前，聚合物太阳能电池还处于基础研究阶段，处于产业化的前夜。与传统无机半导体太阳能电池相比，聚合物太阳能电池面临的主要技术难点是效率和稳定性还需要进一步大幅提高，特别是长时间光照过程中其稳定性尚需要大幅度改善和提高。

作为清洁能源，世界各国都加大力度发展太阳能电池产业和技术。目前，已达到规模化生产的 N 型单晶硅太阳能电池有三种，分别是日本松下的 N－SiHITN 型硅太阳能电池、美国 SunpowerIBC 结构 N 型硅太阳能电池以及中国英利的熊猫 N 型硅电池。前两家产品的平均效率已达到 22%，英利熊猫电池实验室效率为 20.7%，平均效率为 19.7%。在市场份额上，国际光伏技术路线图（ITRPV）预期 N 型单晶硅太阳能电池将从 2014 年的 18% 左右提高到 2020 年的 50% 左右。市场的扩大不完全依赖效率，而是基于综合性价比。"低本高效的电池将得到快速发展，也将占领更多的市场。"

在太阳能电池需求量迅猛增长的中国大陆、台湾以及其他地区的太阳能电池厂商的产量份额方面，2010 年第四季度为 69%，2011 年第四季度上升至 78%。不过，由于欧美市场保护加剧，之后增长速度放缓，2012 年第四季度的份额为 79%。

（二）生物医用材料

生物医用材料是用于和生命系统结合，以诊断、治疗或替换机体的组织、器官或增进其功能的材料。它是典型的多学科领域交叉的科技，

① Zhicai He, Chengmei Zhong, Shijian Su, et al. Enhanced power-conversion efficiency in polymer solar cells using an inverted device structure. Nature Photonics, 2012, 6, 9: 593－597.

涉及材料、医学、生物、物理、化学及现代高技术等诸多学科。从生物医用材料技术内涵的发展来看，已经经历了三代。

第一代是生物惰性材料，即从已经成熟的工程材料中筛选出具有生物相容性和有替代修复组织功能的材料，主要是生物陶瓷类和医用合金类材料，如已被广泛采用的金属心血管支架、钛关节、陶瓷关节、碳材心脏瓣膜、隐形眼镜等。其特征是植入体内有尽量小的免疫反应，能够长期稳定并维持其功能。

第二代是20世纪90年代发展起来的生物活性材料和生物可吸收高分子材料。生物活性材料植入体内可以和周围环境组织发生良性生理作用，即较好的生物相容性，如生物无机材料、生物活性玻璃、生物降解陶瓷、生物玻璃陶瓷、纳米生物材料等。生物可吸收高分子材料植入体内后逐步降解吸收，最终完成组织或器官的自修复，如PLA、PGA等，用于手术缝合线、骨折固定用骨钉和骨板、可控药物释放体系、神经导管、医用药膜等。

过去，世界上每年有数千万人植入第一和第二代生物医用材料，这些材料在应对快速增加的老年人口的医疗需要中，发挥了重要作用，今后若干年仍将继续应用。但是，这些生物医用材料植入体内后可能存在一些问题，如骨科医疗器械和人工心脏瓣膜的统计分析表明，在植入人体后的10～25年中，有1/3～1/2的患者因植入物失效而需要重新手术。

第三代生物医用材料是近10年来发展的细胞和基因活化的材料。细胞活化材料应用于组织工程技术，修复组织器官缺陷，其过程是将组织细胞吸附于生物相容性好，并可被生物体逐步降解吸收的框架材料上，同时细胞在生长因子的控制下逐渐繁殖出人体的组织。该框架材料为细胞提供一个生存的三维空间，有利于细胞获得足够多的营养物质，使细胞能在预先设计的三维形状支架上生长。这一技术的内涵是制造一个具有生命的人工器官，其技术参数是该器官具有全部生物功能。基因控制和活化材料能活化细胞的基因，使表达特定的蛋白影响细胞的功能。通过在材料上接枝特定的蛋白、多肽等生物分子以模拟细胞外的基质环境，提供一个多功能的细胞结合的表面，特定的细胞识别因子可能通过激发基因显性进行激励活组织的再生。

第三代生物医用材料涉及细胞框架材料和基因载体材料，在材料的组装和结构上都与传统合成材料表现出不同的特征，需要采用材料自组装技术和表面改性技术。第三代生物医用材料是目前国内外研究的热点和前沿领域。

（三）新型高分子材料

高分子材料是最重要的新材料之一，使用量大、应用面广。全世界合成高分子材料的年产量，按体积计已超过了钢铁材料的产量。美国的高分子材料年消费总量为 800 亿美元，以重量计已接近钢铁材料，消费量的递增速度超过了 GDP 的递增速度。合成高分子材料的种类繁多，即使是相同化学组成的合成高分子材料，也因其结构的细微差别而成为不同的专用品种。高分子材料主要包括塑料、橡胶和纤维三大材料。其中，塑料是消费量最大的高分子材料，2007 年全世界共消费 2.6 亿吨。我国是世界上最大的高分子材料消费和生产国，2010 年，我国塑料消费量达 6 000 多万吨，成为世界第一大消费国；从 2009 年开始，我国成为世界最大的橡胶生产和消费国，2010 年国内消费量约 350 万吨；我国早已是世界最大的纤维生产和消费国，2010 年，仅聚酯（涤纶原料）消费量就达 2 300 万吨左右，占世界总消费量的 2/3 以上。

“十二五”期间，我国塑料材料继续快速发展，发展的热点包括聚烯烃、工程塑料、生物基（可降解）高分子材料和废旧塑料材料的再生利用。

橡胶工业虽然是一个历史悠久的传统产业，但橡胶作为一类无可替代的高弹性材料，不仅是一种重要的战略性物资，而且是当代新材料的重要组成部分。随着高新技术和国民经济支柱产业的迅速发展而不断焕发出新的活力的新材料产业，在高新技术领域有着广泛的用途。例如，各种导电橡胶、感光橡胶、磁性橡胶、绝缘橡胶、密封橡胶、减震橡胶等被广泛应用于计算机、通讯、复印机、传真机和各种家用电器。以复印机为例，其中的纸输送系统、显像系统和定影系统包含许多橡胶件，主要使用具有特殊功能的硅橡胶、氟橡胶、聚氨酯橡胶等，这是高新技术发展为橡胶工业开创的一个新领域；又如生物医学工程领域研究开发的各种人工脏器如人工心脏、人工软骨、人工肌肉及韧带等，以及各种现代化医疗器件和材料（如导管、计划生育用品、手术薄膜等），广泛使用各种硅橡胶、聚氨酯橡胶及其他弹性体材料；用于航天、导弹的运载火箭，其自动控制系统和其他部位要使用上千个精细特种橡胶制品。当代高新技术和产业发展，不断向橡胶工业提出新的要求，从而刺激了新型橡胶材料和制品的研究开发、生产和应用，为橡胶工业的发展开辟了越来越多的应用领域。目前，高新技术用橡胶制品已经形成一个新的产业，其产量虽然还比不上传统橡胶制品，但其附加值很高，增长速度很快。

（四）先进金属材料

先进金属材料主要包括铝合金、储氢材料和磁性材料等。

1．铝合金

铝（Aluminium）是地壳中储量仅次于 Fe 的第二大金属元素。作为仅次于钢铁材料的第二大金属结构材料，铝合金的主要优势在于其较低的密度和高的比强度及比高度。其使用发展历史也不过 200 年，而工业化规模生产仅起始于 20 世纪初，但由于铝及其合金材料具有优良的力学性能，良好的加工成形性以及高的回收再生性等优点，铝被称为“希望金属”。铝工业一直被认为是“朝阳工业”，发展速度很快。铝材已广泛用于交通运输、航空航天、机械电器、电子通讯、包装容器、建筑装饰、石油化工、能源动力、文体卫生等多个行业，成为发展国民经济与提高人民物质和文化生活水平的重要基础材料，在国民经济高速持续发展中占有极为重要的地位，是许多国家和地区的重点支持产业之一。特别在当今世界人类的生存和发展正面临着资源、能源、环保、安全等问题的严峻挑战的情况下，加速发展铝工业及铝合金材料加工技术更有着重大的战略意义。

铝工业的发展起始于1854年，法国科学家德维勒（S. C. Deville）用钠还原 $NaAlCl_4$ 络合盐，制得金属铝，并建厂生产了简单的铝制品。1886年美国霍尔（C. M. Hall）和法国厄鲁特（D. L. Heroult）同时分别获得用冰晶石－氧化铝熔盐电解方法制取金属铝的专利。1888年美国匹兹堡建立第一家电解铝厂，至此铝生产进入一个新阶段。1888年发明的拜耳法，由铝土矿生产氧化铝，并由于直流电解技术的进步，为铝生产向工业化规模发展奠定了基础，生产成本进一步降低，铝成为一种普通常用的金属材料。20世纪初期，铝材除了用于日常用品外，还在交通运输工业得到了广泛应用，并开始大规模生产铝箔和其他新产品，如铝软管、铝家具、铝门窗和幕墙等，同时铝制炊具及家用铝箔等各种新产品也相继出现，使铝的普及化程度向前推进了一大步。

1906年，硬铝合金（Al－Cu－Mg合金）的发明使铝的强度提高两倍，并被大量应用于飞机制造和其他军火工业，此后又陆续开发了Al－Mn、Al－Mg、Al－Mg－Si、Al－Cu－Mg、Al－Zn－Mg等不同成分和热处理状态的铝合金，这些合金具有不同的特性和功能，大大拓展了铝的用途。特别在第二次世界大战期间，铝工业在军事工业的强烈刺激下高速增长，1943年原铝总产量猛增到200万吨。战后，各大铝业公司积极开发民用新产品，把铝材的应用逐步推广到仪器仪表、电子电气、交通运输、日用五金、食品包装等各个领域，使铝的需求量逐年增加。1970年达1 000万吨，1985年突破2 000万吨。自1990年以来，世界铝工业进入了一个崭新的发展时期，随着科学技术的进步和经济的飞速发展，在全球经济一体化与大力提高投资回报率的经营思想推动下，一方面加大力度调整结构，另一方面开展了向科技研发的大进军，以求更合理更均衡地利用与配置自然资源。铝工业的规模不断扩大，产品的科技含量不断提高，应用范围得以进一步拓展，铝合金及其制品产量逐渐提高，

2000年达3 000万吨，2010年则超过了4 000万吨。随着科技不断进步，铝的使用量将进一步呈持续上升的趋势[①]。

2．储氢材料

氢能作为一种储量丰富、来源广泛、能量密度高的绿色能源及能源载体，正引起人们的广泛关注。氢能的开发和利用受到美、日、德、中、加等国家的高度重视，以期在21世纪中叶进入“氢能经济”（hydrogen economy）时代。氢能的利用需要解决三个主要问题：氢的制取、储运和应用。其中氢能的储运则是制约氢能利用的瓶颈。这是因为氢在正常情况下以气态形式存在，密度最小，且易燃、易爆、易扩散，这给储存和运输带来很大困难。而氢作为一种燃料时，必须具有分散性和间歇性使用的特点，也必须解决储存和运输问题。

储氢和输氢技术要求能量密度大（包含质量储氢密度和体积储氢密度）、能耗少、安全性高。当氢作为车载燃料[②]使用（如燃料电池动力汽车）时，应符合车载状况的要求。对于车用氢气存储系统，国际能源署（IEA）提出的目标是质量储氢密度大于5%，体积储氢密度大于50kg/m^3，并且放氢温度低于423K，循环寿命超过1 000次；而美国能源部（DOE）提出的目标是到2015年上述指标分别达9%和81kg/m^3，车用储氢系统的实际储氢能力大于3.1kg（相当于小汽车行使500km所需的燃料）。

3．磁性材料

磁性材料分为永磁材料和软磁材料。

稀土元素是元素周期表中15个镧系元素（镧（La）、铈（Ce）、镨（Pr）、钕（Nd）、钷（Pm）、钐（Sm）、铕（Eu）、钆（Gd）、铽（Tb）、镝（Dy）、钬（Ho）、铒（Er）、铥（Tm）、镱（Yb）、镥（Lu）），再加上钪（Sc）和钇（Y），共计17个金属元素的总称。稀土金属还能同过渡族金属作用生成金属间化合物，这些金属间化合物有其特定的物理性

① 田荣璋．铸造铝合金［M］．长沙：中南大学出版社，2006.

② Schlapbach L, Züttel A. Hydrogen Storage Materials for Mobile Applications［J］. Nature, 2001, 414（6861）：353－358.

质，如稀土永磁材料是目前已知的综合性能最好的一种永磁材料。

钕铁硼（NdFeB）是指基于高磁晶各向异性 $Nd_2Fe_{14}B$ 硬磁相的一类稀土永磁材料。其中 Nd 可以用其他稀土元素部分替代，通常还添加了钴或一些其他微量元素。NdFeB 是目前室温综合磁性能最好的永磁材料，广泛应用于各类机电产品中，其市场值已接近硬磁材料的 1/2。高性能 NdFeB是电子组件的关键功能材料，主要下游行业分为两类：传统下游行业，包括 VCM 电机和个人消费电子类产品；新能源和节能环保行业，包括节能风能发电设备、节能电梯曳引机制造业、节能环保空调（变频空调）、EPS 及混合动力汽车。从应用来看，大量高性能NdFeB永磁是通过在电机内使用发挥作用的。永磁电机的应用极为广发，遍及航空、航天、国防、装备制造、工农业生产和日常生活的各个领域。其容量从大到小，目前已达到兆瓦级。其地位越来越重要，从军工到民用，从特殊到普通领域，不仅在微特电机中占优势，而且在电力推进系统中也显示出了强大的生命力。与传统的电励磁电机相比，稀土永磁电机具有结构简单、运行可靠、体积小、质量轻、损耗小、效率高、电机的形状和尺寸灵活多样等显著优点。作为一种高效节能产品，平均节电率可达 10% ~ 20% 。在风电机、压缩机等需要无极变频调速的场合，永磁变频调速节电率可达 30%①。

随着社会进步和科技发展，NdFeB 永磁在高端电子信息、新能源汽车、现代医疗设备、节能家电、工业节能电机等传统产业升级改造和战略性新兴产业发展中的需求不断增大，显示出非常强劲的发展潜力。

NdFeB 永磁目前主要发展趋势体现在：通过晶粒细化、晶界优化技术进一步改善烧结 NdFeB 磁性能，开发新型表面防腐技术，最大限度降低稀土元素总量和昂贵的中重稀土元素含量，提高材料性价比；发展各向异性 NdFeB 永磁粉末和粘结 NdFeB 制备技术；开发新型 NdFeB 制备技术；改善 NdFeB 永磁材料在极端条件下的应用特性，开发新的应用领域。

---

① 肖方明．广东省稀土产业技术路线图［M］．广州：华南理工大学出版社，2011．

此外，NdFeB 永磁在混合动力汽车与电动汽车领域的应用，要求材料在较高温度下使用，具有高的热稳定性。因此，耐高温 NdFeB 永磁也是目前烧结的一个主要发展方向。

永磁铁氧体主要包括钡铁氧体（$BaFe_{12}O_{19}$）和锶铁氧体（$SrFe_{12}O_{19}$），依据磁晶的取向不同分为各向同性和各向异性磁体。根据制备工艺可分为烧结铁氧体和粘结铁氧体。永磁铁氧体由于原料丰富，工艺简便成熟，具有优良的抗退磁性能、稳定的化学性能，是当今世界上性价比高、使用最广泛、产量最大的永磁材料。

20 世纪 90 年代永磁铁氧体进入了快速发展期，全球市场需求量持续增加，每年的增长速度达 15% ~20%。随着我国经济快速增长，永磁铁氧体在中国的需求量年增长速度超过 30%。高档永磁铁氧体最大和最具活力的市场就是汽车和摩托车工业，约占总产量的 50%。

软磁铁氧体是以 Fe_2O_3 为主成分的亚铁磁性氧化物，主要有 Mn－Zn、Cu－Zn、Ni－Zn 等几类，在电子工业（除了一些低频和强电工业）领域，软磁铁氧体已成为非常重要的电子材料之一，在高频率应用中占有不可替代的统治地位，这主要得益于它具有比软磁金属材料更高的电阻率和高频磁导率的优势。权威机构对世界软磁铁氧体行业评估后认为，世界软磁铁氧体需求量在今后 4 ～ 5 年间每年仍将以 10% 左右的速度增长，21 世纪将是高档软磁铁氧体的发展时期。

第二节　国外新材料产业发展现状

当前，全球新材料产业发展呈现出许多新的特征，具体表现出以下趋势：

（1）市场需求旺盛，发展迅速。例如，目前全球生物医用材料的产值超过4 000亿美元；纳米技术的年产值达14 400亿美元。预计到2015年，仅中国市场就需要永磁铁氧体50万吨，软磁铁氧体20万吨，钕铁硼磁体5万吨。

（2）新材料呈现集团化、规模化、国际化发展态势。世界著名材料企业纷纷结成战略联盟开展全球化合作。新材料与基础材料产业结合日益紧密，基础材料产业正向新材料产业拓展，许多著名的新材料企业以前都是基础材料企业，如美国铝业、巴斯夫等跨国集团，利用充足的资金和积累的大规模生产能力、生产技术进入新材料领域。

（3）新材料发展向高性能、低成本及绿色化发展。21世纪新材料技术的发展和突破将使新材料产品实现更高程度的高性能化、多功能化、智能化，降低生产成本和能耗，延长使用寿命，提高新材料产品的附加值，增强市场竞争力。世界各国都在不断加大生态环境材料及其相关领域的研发力度，并从政策、资金等方面给予更大支持。

（4）新材料发展的驱动力由军事需求向民生经济需求转变。进入21世纪，经济的持续增长和生命科学技术、信息科学技术的发展将成为新材料发展的最根本动力，工业和商业的全球化更加注重材料的经济性。

（5）多学科交叉性。新材料与信息、能源、医疗卫生、交通、建筑等产业的结合越来越紧密。产业发展随着新材料在信息工程、能源产业、医疗卫生行业、交通运输业、建筑产业中的应用越来越广泛，材料科学工程与生物学、医学、电子学、光学等领域交叉合作研发日益扩大，因此各国都致力于把材料研发纳入到产学研一体化的平台，以满足材料开发对各个部门提出的不同要求，从而助推了新材料产业的超前发展。

（6）新材料产业与上下游产业结合日趋紧密。随着高新技术的发展，以及元器件微型化的趋势，新材料技术与元器件的一体化趋势日益明显，新材料产业与上下游产业相互合作与融合更加紧密，产业结构出现垂直扩散趋势，减少了材料产业化的中间环节，加快了研究成果的转化，降低了研发与市场风险，提高了新材料企业竞争力。

（7）创新性是新材料发展的根本所在。新材料技术的发展和突破将在很大程度上使材料产品实现智能化、多功能化、环保、复合化、低成本化、长寿命及个性化定制，进而会推动信息产业和生物技术的革命性进展，也能够给制造业、服务业及人们生活方式带来重要影响。总体而言，新材料的发展正从革新走向革命，开发周期大大缩短，创新性已经成为新材料发展的灵魂。同时新材料的开发与应用联系更加紧密，针对特定的应用目的，更具有个性化，可以加快研制速度，提高材料的使用性能，并且可以减少材料的“性能浪费”，从而减少资源浪费。

一、有机发光材料产业发展现状

（一）有机发光显示材料产业发展现状

目前，OLED 基础专利主要由美国 Kodak 公司、英国剑桥显示技术公司（CDT）、美国通用显示公司（Universal Display Company，UDC）拥有。其中，小分子 OLED 的基础专利主要由 Kodak 公司拥有，高分子 OLED 的基础专利主要由 CDT 和美国杜邦显示公司拥有。

就全球范围来讲，已有多家企业和研究机构在进行 OLED 材料的研发，如日本的 Pioneer、Sanyo，美国的 Kodak、UDC，韩国的 Samsung、LGD 以及中国台湾的铼宝、光磊、友达、奇美、悠景、统宝等都陆续进入了 OLED 照明研发领域，其中有些产品已进入市场，新的、改良的发光材料不断被发现和发明，使得组件的稳定性及寿命都有长足的进步。随着 OLED 面板厂商的积极投入，也吸引材料厂商持续研发与投入。其中，日本出光兴产公司（Idemitsu Kosan）专注于高效荧光材料的研发，成绩斐然，目前，性能最佳的荧光材料的专利都由他们所掌握，只是新材料的分子式及结构到目前为止仍是高度机密；美国通用显示则与普林斯顿大学合作，一直致力于磷光材料和器件的研发；而美国 Kodak 公司则掌握了大部分经典 OLED 材料及器件的专利。

在 2012 年 CES 上，韩国 Samsung 率先展示了一款 55 英寸 OLED 电视；LGD 也展示了一款 55 寸 OLED 电视，吸引了不少消费者的关注。作为新一代显示技术，OLED 在市场上能真正“热”起来，离不开 Samsung 的大力推动。2012 年，三星天津滨海新区的 OLED 新工厂竣工投产，其 OLED 产量扩大至 5 700 万片，销售额超过 180 亿元，产品的全球市场占有率超过 90%。LGD 也加快了大尺寸 OLED 生产线的投资步伐，计划将旧 LCD 生产线转换为 AMOLED 生产线。

OLED 产业未来发展趋势是大尺寸 AMOLED 产品，目前大尺寸 AMOLED 技术仍处于产业发展初期，只有韩国 Samsung 具备真正的大规模生产能力，抢占了大部分市场，但日本、中国台湾等在大尺寸 OLED 显示屏方面都跃跃欲试。

2011 年，日本 Sony、Toshiba 及 Hitachi 于 8 月宣布合并中小尺寸显示器业务，并将以官民共同基金日本产业革新机构为中心成立新公司。名为日本显示器（Japan Display）的新公司已经具备 OLED 技术基础。社长大塚周一表示：“日本显示器一方面有 Sony 技术与专利授权支持，另一方面 Hitachi 与 Canon 之间也有 OLED 面板的合作关系。”英国剑桥显示（CDT）、美国杜邦和 Plextronics、德国 Novaled 和 Merck、韩国 LGD、日本出光兴产等大公司已经基于自身在蒸镀型 OLED 材料领域的研发和生产优势，积极开展可印刷型溶液加工有机发光材料和传输材料的研究，部分材料已经进入中试验证阶段。日本 Ulvac 和柯尼卡美能达、美国 MicroFab、德国 Coatema 等公司在 OLED 印刷设备技术方面走在世界前列，已经开发出可以制备高精度、大面积、全彩色 OLED 显示屏的印刷设备。得益于可印刷材料和高精密印刷设备方面的快速发展，用印刷工艺研制透明阳极、发光薄膜、导电阴极甚至薄膜晶体管（TFT）等多个环节的关键技术也取得了突破进展。日本印刷与富士胶片相继研发出可弯曲、能替代 ITO（铟锡氧化物）薄膜的印刷透明导电薄膜。杜邦、索尼、松下、友达、京东方等公司在2008—2013年间，分别对外展示了他们采用印刷技术制备的 PMOLED 或者 AMOLED 显示屏样机。例如，友达在2013年的 SID 会议上发布了采用印刷技术制备的14英寸 AMOLED 显示屏，分辨率为960×540RGB，亮度为200 nits，色域（NTSC）为74.8%。该显示屏的空穴注入层、空穴传输层和红绿蓝发光薄膜都是通过喷墨打印完成，但电子注入层和金属阴极则通过真空蒸镀工艺制备。除了开发硬质基板的发光器件外，柯尼卡美能达曾宣布计划投建柔性基板的发光器件，利用 R2R 印刷技术实现量产的 OLED 照明产品试生产线。尽管印刷技术用在 OLED 研制方面取得了巨大进展，但到目前为止用印刷技术制备的 OLED 显示屏还只有原型样品，其发光效率和稳定性距离实用化还有较大差距，因此，实现印刷技术的 OLED 产品还任重道远，还有许多基础的科学和技术问题需要研究和解决。

韩国 AMOLED 产业在生产线、材料和设备方面全面发展，提升了自主生产比率，有效降低了生产成本。除了 SMD、LGD 大幅扩产外，韩国政府与面板厂商共同推动了材料和生产设备的国产化，这不仅有效降低了生产成本，还形成了庞大的产业链，推动 AMOLED 产业持续发展，整体竞争力领先全球，主导全球 AMOLED 产业。

除了扩增 LTPS TFT 基板产能外，材料与设备的自制能力对于 AMOLED 产业的发展也相当重要。设备折旧占 AMOLED 成本的比例较高，因此，SMD 与 LGD 积极培养和支持韩国国内的设备厂商，协助开发和测试新设备。近几年，韩国政府与面板厂商共同扶植其国内研制和生产有机发光层材料化工厂，并收到良好成效，SMD 与 LGD 都尽量采用国产材料，降低了生产成本。

综上所述，国际上 OLED 材料和器件技术已经逐渐成熟，处在大批量生产的起始阶段。为了持续提高 OLED 产品的竞争力，需在有效提高成品率、降低制造成本等方面取得新突破。

（二）有机白光照明器件产业发展现状

OLED 不仅用于显示，还可以用于节能照明。白光 OLED 照明技术具有令人鼓舞的发展前景，受到国际学术界、产业界的高度重视。为了加速 OLED 材料在照明领域的应用步伐，包括中国在内的世界各国都加大了对白光 OLED 照明材料和技术的科研和产业投入，美国、欧盟、日本、韩国等世界主要发达国家和地区不断推出大型研发计划和加大投资力度。目前，全球有超过 160 家知名企业涉足 OLED 技术的相关研发，包括了几乎所有的电子和显示产业巨头。国际上最大的 12 家照明产品公司如 GE、Osram、Philips 和 Panasonic 等都已经开展 OLED 照明器件的研究开发，并公开了各自的高效白光 OLED 照明样品，充分显示了各国对开发研究白光 OLED 的重视。根据 DisplaySearch 的调查预测，包括荷兰 Philips，美国 GE，日本 Konica Minolta、Lumiotec，德国 OSRAM 在内的白光 OLED 照明技术与产品开发的国际大厂，在 2010—2011 年间陆续推出各自的白光 OLED 照明产品，同时在 2011 年起逐步进入量产，并从 2012 年开始扩大，OLED 照明的营业额可能在 2014 年以后超越 OLED 显示器的营业额，预测在 2018 年增长到 60 亿美元的规模。尽管预测会出现一些偏差，但可以预见的是，未来将会有更多的企业、机构以及投资者进入该领域，技术的竞争将更加激烈。这无疑将推动 OLED 照明技术更快走进人们的生活，促进白光 OLED 照明产业在全世界范围内取得更大的发展。

2008 年 3 月，Osram 公司制造出了第一款 OLED 照明产品 Orbeos，这项产品尺寸为 100 cm^2 的 OLED 照明灯具，显色度指数（CRI）为 80，色温为 2 800K，功率效率近 50lm/W，亮度达到 1 000cd/m^2 时能够连续使用 5 000 小时以上，推动了白光 OLED 照明产业的发展。2009 年，日本 Showa Denko 与 UDC 签署协议，开发 OLED 照明产品；韩国的三星和 LGD 都在 2009 年展出了 OLED 照明样品，LGD 于 2010 年第 2 季度开始

OLED 照明产品生产。2009 年开始，Philips、Osram、Lumiotec、北京维信诺都在市场上相继推出了 OLED 照明新产品，市场上也有更多的厂商推出了 OLED 应用灯具产品。

二、生物医用材料产业发展现状

生物医用材料的研发具有重大的社会效益和经济效益。随着社会文明进步、经济发展和生活水平日益提高，人类越来越重视自身的医疗康复事业；与此同时，社会人口增加，生活节奏加快，疾病、自然灾害、交通事故、运动创伤和工伤等的发生以及局部战争等，造成人们身体意外伤害剧增。生物医用材料制品在世界市场上需求迫切，技术含量高，导致其价格昂贵，附加值很高，潜在经济效益巨大。

生物医用材料的研发和产业化对社会和经济的重要作用正日益受到各国政府、产业界和科学界的高度重视，其研发被列入高技术关键新材料发展计划，并迅速成为国际研发热点之一。如美国国防部将生物材料列入 5 种高技术关键新材料发展规划；日本、德国、加拿大、法国、澳大利亚、韩国等国家和地区纷纷公布本国的生物材料研究计划及巨额投资计划，以吸引人才或引导投资，希望在此领域内的世界性竞争中占据一席之地。目前，美国、欧洲、澳大利亚和日本等国家和地区均组建了 10 多个高级别多学科交叉的国家生物材料与工程中心。

近年来，高技术生物材料及制品产业已经形成，发展迅速，近 10 年其市场销售额在世界经济衰退阴影下仍以年均 12% 以上的速率稳步增长，国际生物医用材料产业的产值已超过 800 亿美元，2012 年全球生物医用材料产业的市场销售额超过 4 000 亿美元。

同时，随着全球生物医用材料和制品持续增长，各国市场份额也发生着巨大变化。近 10 年美国生物医用材料市场增长了 1 倍，其市场绝对额一直处于世界领先地位。据统计，全美有大约 5 750 家医疗器械公司，员工大约有 40 万人。全球 10 大医疗器械公司中有 9 家属于美国，除了美国外，占全球市场份额较大的还有西欧和日本。

生物医用材料及器械产品市场种类繁多，其中与治疗心血管疾病相关的材料和制品市场是最具竞争性和变化最为迅速的产业之一，这与全球心血管疾病大幅度增加有关。此外，整形外科产品是占份额最大以及发展最快的医疗器械产品之一。

近30年来，现代生物医用材料的3个主要分支为：不锈钢、钴基合金和钛合金等金属材料；氧化铝、磷酸钙和生物玻璃等无机非金属材料；聚甲基丙烯酸甲酯、硅橡胶、聚乳酸和胶原等高分子材料。由于医用金属及合金材料在耐腐蚀、性能、加工方面的缺陷，使用量有所下降，而陶瓷、复合材料和天然材料的使用量在不断上升。

三、新型高分子材料产业发展现状

（一）纺织材料产业发展现状

德国[①]作为欧元区经济发展最好的国家之一，同时又是产业用纺织品生产应用大国，在医疗、卫生、汽车、城轨、建筑、风电、工程等领域应用尤为突出。目前德国重点关注的产业用纺织品主要包括三个方面：一是以伤口敷料、医用防护服、植入人造器官、电子医疗设备、矫正器等为代表的医用机械领域；二是轻量化电动汽车；三是安全设施建设。根据德国政府的计划，到2020年，德国道路上将行驶至少100万辆电动汽车，碳纤维及其复合材料由于顺应了轻量化汽车发展的趋势，得到了快速发展；高效能电池及其配件是电动汽车的必需品，因此电池隔膜材料的开发和应用迫在眉睫。此外，汽车内饰和车厢内空气过滤等也将随之发展。另一方面，建筑防震、桥梁维修、安全用纺织品的发展与应用备受关注。从2011年开始，德国政府斥巨资加强基础建设和新能源建设，给增强型纤维、个人防护装备、土工布、过滤膜、传感器等产业用纺织品带来了机遇。增强纤维材料中以碳纤维材料为代表，其在航空和汽车

① 德国纺织研究协会秘书长 Klaus Jansen 博士. 德国产业用纺织品发展迅速 [J]. 纺织服装周刊, 2011.9.28: 29.

行业等具有巨大的应用市场。典型的代表是德国空客 A380 工程，基体各部件都采用碳纤维减重。宝马公司采用碳纤维复合材料用于轻量化汽车车体，RUD（路德）是碳纤维用于纤维增强混凝土最典型的代表。碳纤维复合材料还用于起重、吊装、输送和高性能轮胎、雪地防滑等。

俄罗斯①作为欧洲一个具有代表性的国家，其传统纺织业的发展不尽如人意，进而影响了其产业用纺织品的发展。对于高性能纤维中的芳纶，俄罗斯虽有自身的优势，但已逐渐被美国和日本赶超。就产业用纺织品中占有重要比例的非织造布（无纺布）而言，自 1990 年以来，俄罗斯非织造布消耗量虽然一直在增长，但其工业发展历经重重困难，其主要原因在于俄罗斯政府未将非织造布产品作为俄罗斯未来经济发展的优先领域之一给予支持，缺少明确的关税和关税政策，进口量持续增长，居高不下，而国内原材料质量低下，均抑制了其非织造布工业的发展。

据官方数据，俄罗斯生产的非织造布目前的应用主要包括：作为聚合物涂层的基底，如油毡、油布、冷轧屋顶、壁纸、塑料层压板等（占非织造布总量的 30% 左右）；土工布和农用纺织材料（占 18% ~ 20%）；衣服和鞋子类领域（约 20%）；过滤器、医用纱布、包装袋以及其他短期使用的纤维领域（约 30%）。而每个应用领域中用即弃产品仅占俄罗斯非织造布总产量的 1% ~ 3%。

美国②受金融危机的影响，国内众多行业受挫，国内许多特种纺织品市场的增长也随之放缓。

首先，行业不景气导致产业用纺织品用量锐减。2008 年的金融危机已导致美国住房价格下跌了 15% ~ 20%。受影响最大的汽车业销量从 2007 年的 1 600 万辆下滑到 2009 的 1 043 万辆。按每辆汽车使用 32m^2 纺织品计算，美国汽车业的不景气将使纺织品消耗量锐减 17 824 万 m^2。同时，美国经济的疲软也造成了船只销量、海洋业售后配件销量下降，这

① 俄国无纺布工业对新国家政策寄予厚望［J］. 广东无纺布，2011（5）：10 - 12.

② 美国产业用纺织品发展现状，http：//www. cnita. org. cn，2009 - 01 - 12. 纺织服装周刊 - 国际产业用纺织品协会.

些行业的不景气，直接导致了产业用纺织品行业的销量下降，例如遮阳篷市场的增长率从2007年的3%下降到了2008年的1%～2%，2008年海洋用布销量比2007年下降了0.5%。

其次，原材料价格导致产品的供应链出现危机。原材料和能源价格不断上升，加上持续进口价格低廉的国外纺织品，造成了许多美国本土产业用纺织品供应商和终端产品制造商近年的销量和利润均呈下滑趋势。

非织造布可应用于土工合成材料、工业滤材、农业以及涂层或层压衬底等，如蔬菜抗紫外线的遮阳布与保持水土的地膜、消防员的防护服、体育运动纺织品。2007—2009年美国的非织造布市场以每年4.5%的速度增长，2009年该市场市值大约为51亿美元。美国住宅与商用建筑的绿色环保市场从2005年的占整个市场的2%快速增长到2010年的10%，增长了308亿美元。而且，产业用纺织品的细分市场，如帐篷、雨篷、轻型结构以及数码纺织品印刷等正强调采用节能环保措施。美国特种纺织品和产业用纺织品市场在2011年开始复苏，2012年的市场行情表现更加积极。

先进科技也助推了美国产业用纺织品行业的发展。纳米技术就是一个典型的代表。目前，纳米技术正在推动美国智能纺织品市场的快速成长，包括盔甲、体育用飞机、汽车以及电子器件等都具有巨大的应用潜力。

日本①的功能化和差别化纤维的产业用产品一直引领行业的发展。21世纪以来，其产业用纺织品的研发趋势呈现出更坚固、更轻、更快、更智能、更安全的五大特点。承受几百吨重量的建筑工程用纺织品织物；高效防护服确保工作人员能够避免受到极寒或者极热环境的伤害；高强轻量以及以阻燃为特点的特种纺织材料用于新一代的汽车，其时速可以达到200英里/h（320km/h）；电动汽车的发展也助推了锂离子电池中隔膜材料的大力研发和生产。高性能的纤维与复杂的织物构造相结合，产业用纺织品的各项性能有了明显提升。织物的高强度性能可以应用到机

① 中国纺织报．日本看好高新技术产业用纺织品发展前景．2011/6/2/8：31．

械零件和轮胎加固装置等领域，甚至包括一些特殊装置。比如，现在已成功应用的由碳纤维和环氧树脂制成的复合集线器用于火箭发动引擎上的涡轮泵。将碳纤维用于交通运输、土工建筑和体育用品对于日本的产品开发而言可谓引领了潮流，集强度、硬度和轻量化多性能优势为一体的先进复合材料是其最为典型的代表，同时这些复合材料也用于医疗修复领域。

印度产业用纺织品的迅速增长与印度政府在过去几年里的大力支持分不开。印度纺织部从2005年起便在全国范围内推出了多套宣传方案和工程项目，宣传与服务对象从国内市场到国际贸易机构，例如美国无纺布工业协会（INDA）、欧洲无纺布协会（EDANA）以及印度工商联合会（FICCI）的紧密合作，展会和研讨会的召开助推该国产业用纺织材料的大力发展[①]。印度纺织部预计，未来印度的产业用纺织品行业将会保持11%的年均增长速度。2012年，印度GDP增长达到5. 1%，单产业用纺织品中非织造布一项，其产量达到了222 640t，位于亚洲第四，相对于2011年，增长了120%。2011—2012年初统计，非织造布的应用中医药用为7 600t，卫生用为6 000t，土工领域为6 000t，汽车行业为17 140t，地毯及其背衬材料为51 000t，包装为100 000t，过滤为2 750t，出口为18 400t,其他用途为13. 750t[②]。

经济危机之后，碳纤维市场开始回暖。如今，碳纤维在许多领域都有应用（主要是工业应用），并且各个领域的需求比例还在不断变化。到2015年，工业市场对碳纤维的需求比例将达到65%以上，成为碳纤维最主要的消费市场。

从地区分布来看，欧洲市场的需求最大并将保持下去，预计到2015年，欧洲市场的需求量将达到52%，而亚洲只有18%，美国15%，日本15%。随着碳纤维应用领域的扩大和发展，比如应用在汽车行业，将会

① 印度投资实况：Sechadri Rumkumar博士对印度产业用纺织品及无纺布行业新投资的探讨［J］. 广东无纺布，2011（4）：14－15.

② Wang Yanxi. 2012 Asia Nonwovens Industry［J］. Global Nonwovens Summit，2013，4.

有更多的项目对碳纤维产生兴趣。

全球 PAN 碳纤维产能如表 1－2 所示。

表 1－2　全球 PAN 碳纤维产能　　单位：t

公司		产品商标	年份		
			2008	2009	2010
Toray 集团	日本	Torayea	7 300	8 300	83 300
	美国		5 200	5 200	5 200
	法国		5 400	5 400	5 400
	合计		17 900	18 900	18 900
Toho Tenax	日本	Tenax	6 400	6 400	6 400
	德国		3 400	5 100	5 100
	美国		2 000	2 000	2 000
	合计		11 800	13 500	13 500
Zoltek 集团	欧盟	Panex	8 000	8 000	8 000
	美国		3 000	3 000	3 000
	墨西哥		0	2 000	2 000
	合计		11 000	13 000	13 000
三菱 Rayon	日本	Pyrofil Grafil	5 400	5 400	5 400
	美国		2 200	2 200	2 200
	欧盟		500	500	500
	合计		8 100	8 100	8 100
中国台湾台塑集团		Tairyfil	6 150	6 150	7 450
SGL 集团	欧盟	Sigrafil	2 700	4 000	4 000
	美国		1 000	2 000	2 000
	合计		3 700	6 000	6 000
Hexcel	美国	HexTow	3 250	4 100	4 100
	西班牙		650	650	650
	合计		3 900	4 750	4 750

续表 1-2

公司	产品商标	年份		
		2008	2009	2010
美国 Cytec	Thornel	2 000	2 000	3 000
中国大连碳纤维		360	360	760
土耳其 Aksa	Aksa	0	750	1 500
总计		64 910	73 510	76 960

数据来源：JEC Composites Magazine，April 2010。

（二）橡塑材料产业发展现状

聚烯烃是消费量最大的塑料品种，在世界热塑性塑料消费中，聚烯烃占65%以上。聚烯烃不仅具有优异的性能/价格比，其在生产、加工、应用和再生的整个生命周期中也都是非常环保的，因而在许多应用中被认为是最为理想的材料，发展迅速，被广泛应用于农业、电子电器、通讯、包装、汽车和建筑等国民经济的各个方面。中东国家依仗其原料的低成本优势，产能增长更快。世界范围内的 PP 和 PE 工业早已出现产能过剩。聚烯烃工业是随着催化剂的发展而发展，催化剂的更新换代往往会引起聚烯烃工业的革命。对聚烯烃催化剂的研发是聚烯烃研究的重点之一，单活性中心催化剂和不含邻苯二甲酸酯类有害物质的聚丙烯催化剂是当前国际聚烯烃催化剂研究开发的热点。

工程塑料与通用塑料相比消费量较小，但工程塑料附加值高，具有较强的不可替代性。2007 年，世界工程塑料消费量仅 1 400 万吨，主要为尼龙（PA）、聚碳（PC）、聚甲醛（POM）、聚酯（PBT）、聚苯醚（PPO）等通用工程塑料，也包括聚苯硫醚（PPS）、聚酰亚胺（PI）、聚砜（PSF）、聚醚醚酮（PEEK）、液晶树脂（LCP）等特种工程塑料，总产量约 20 万吨。

生物基（可降解）高分子材料主要包括聚乳酸（PLA）、脂肪族聚酯（PBS）、聚羟基脂肪酸脂（PHA）、共聚酯（PETS）等几个品种。其优势是在堆肥条件下可完全降解，与传统高分子材料相比，可以减少二氧化碳排放，但由于其在性能/价格比方面没有优势，不但成本较高，性能也较差，因此发展较慢，使用量不大。消费量最大的聚乳酸在2009年的用量也不到10万吨。只有在某些技术上产生突破性进展，生物基（可降解）高分子材料才能得到快速发展。如D－乳酸的出现，可以使PLA材料的耐热温度从70℃左右提高到200℃以上，有望广泛应用在发泡材料、热成型制品和特种薄膜等方面，大幅度提高聚乳酸的消费量。

进入21世纪以来，人类的生存环境面临更加严峻的挑战。环境污染十分严重，生态破坏问题突出，全球资源日趋枯竭。保护环境、节约资源刻不容缓。以废旧资源回收和综合利用为核心的循环经济发展模式已成为世界发展的趋势。大力开发资源循环利用的技术将对国民经济的增长和环境可持续发展产生深远影响。

随着世界经济特别是高新技术的飞速发展，世界橡胶工业获得了加速发展，出现了许多新的发展特点。当前，全球橡胶消耗量已超过2 660万吨，其中天然橡胶占43%左右，合成橡胶占57%左右。橡胶制品品种约10万种，已形成轮胎、管带、胶鞋、工业制品、医疗卫生制品、文体制品、高科技制品、翻胎、再生橡胶等10个系列。轮胎是橡胶工业的代表性行业，其耗胶量占橡胶工业总耗胶量的一半以上。2010年前十位的轮胎企业销售额超过1 000亿美元，其中90%以上是子午线轮胎，美国、欧洲、日本的轮胎子午化率达到95%～100%。2011年全球前50位的非轮胎企业销售额超过574亿美元[①]。在全球高新技术蓬勃发展的推动下，世界橡胶工业的面貌正在发生着巨大的变化：一方面，新的高新技术橡胶制品不断涌现并实现产业化；另一方面，用高新技术改造传统橡胶产业取得重大进展，橡胶工业正从过去的劳动密集型产业，向技术和知识密集型产业转变。当前世界橡胶科学与技术的主要发展趋势包括：①高性能化；②功能化；③复合化；④“绿色”化；⑤信息化；⑥规模化；

① 肖军. 轮胎行业的发展趋势［J］. 化学工业，2012，30（5）：11－15.

⑦知识化。

以高新技术为新的增长点，开拓高性能化、功能化、复合化橡胶新产品，加速传统产品的更新换代，重视节约资源、节能、环境保护和可持续发展，逐步实现信息化、连续化和自动化，实现规模化和国际化，加大科技投入和人才培养，最终实现橡胶产业的升级，已成为当前世界橡胶工业的发展潮流。

四、先进金属材料产业发展现状

（一）铝合金产业发展现状

在铝合金产业中，变形铝加工材的产量占60%以上，2007年世界铝加工材的产量达3 200万吨，2010年达到4 000万吨，并以每年6%左右的速度递增，估计到2020年铝材的产销量可能超过6 000万吨。导致铝加工材迅速发展的主要原因在于以节能降耗、减轻环境污染、提高安全舒适为目的而实施轻量化的交通运输工具及其他领域的快速发展。其中主要包括铝合金轧制与挤压制品[①]。

据不完全统计[②]，2010年全球铝材产量约4 000万吨，其中挤压材1 800万吨（约占44%）。挤压材中，型材1 420万吨（占挤压材的80%以上），大中型工业型材100万吨左右。尽管如此，铝合金挤压材仍以年均5%左右的速率增长，工业型材（占整个铝合金型材的60%以上）以年均8%的速率增长，并组建了一大批大型的现代化、综合性铝挤压材生产企业（集团），主要生产现代化汽车及交通运输工具用铝合金型材等挤压产品，销售到世界各地[③]。

目前，世界上大约有10%的原铝和85%的再生铝用于生产铝合金铸件。2010年世界的铝及铝合金铸造产品已达2 200万吨，其中压铸件占

①②刘静安，罗昭敏. 现代铝及铝加工业的发展特点及国内外发展水平对比［J］. 铝加工，2009（3）：38－45.

③ 刘静安. 铝挤压向产业强国起航［J］. 中国金属通报，2012（9）：16－19.

60%以上，低压铸件和砂型铸件各占20%左右，年增长率为10%左右。铝合金铸件和压铸件主要用于汽车、摩托车等交通运输工具，其次是电子、电器、家电和小五金。近年来，在航天航空、机械制造等行业也开始广泛应用。目前，世界汽车年产量为7 000万辆左右，汽车保有量为8亿辆。如果按铝合金铸件和压铸件占汽车用铝量的75%计算，那么汽车用铝合金铸造产品的数量将十分可观，可以说汽车的发展是铝合金铸造产品增加的真正拉动力。随着汽车、摩托车等现代化交通工具的高速发展，铝合金铸造产品存在着很大的发展空间①。

近20年来，世界汽车工业中铝铸件的应用在不断增加，据统计②，全世界铝铸件的总产量每年大约按3%的速度增长，而在铝铸件的总产量中，有60%～70%的铝铸件应用于汽车制造，使得世界铝铸件的生产和应用与汽车制造业的发展产生了密切的联系。汽车工业中铝铸件应用的发展又以日本最为突出。在20世纪70年代初，日本许多汽车公司就开展并扩大铝合金在汽车发动机上应用的研究，开始广泛采用铝铸件代替铸铁来生产进气管、气缸盖，并开始少量生产铝制发动机。近年来，在发展铝铸件和塑料应用方面，日本一直都处于世界先进水平。日本轿车素以结构紧凑、舒适、重量轻、经济性好以及安全可靠而占据欧美市场③。

金属基复合材料（Metal Matrix Composites，MMCs）在汽车零部件，特别是在高温环境下要求高耐磨性的零部件中具有广阔的应用前景。经过几十年的发展，MMCs已逐步实现商业化应用。当前，世界各国实行越来越严格的燃油效率和尾气排放标准，迫使各汽车生产商采用轻质的MMCs取代铸铁和钢，以实现汽车轻量化。在金属基复合材料的实际应用和生产中，以铝合金基复合材料最为广泛④。

① 刘静安．浅议铝合金材料及加工工业与技术的发展动向［J］．铝加工，2012（1）：13－18．
② 李瑞，张洪发．铝合金压铸件在汽车上的应用［J］．金属加工，2010（23）：59－60．
③ 何梅琼．铝铸件在国内外汽车工业中的应用［J］．技术与装备，2009（8）：34－35．
④ 刘波．现代汽车与复合材料［J］．高科技纤维与应用，2007，32（4）：27－32．

根据美国商业资讯公司（BCC）的调查结果[①]（图1-1），2008年全世界的MMCs市场总量达到4 400 t。在2013年以前全球MMCs市场一直保持约5.9%的年增长率。其中陆上运输（包括汽车和轨道车辆）是MMCs的主导市场，市场占有量超60%，而铝基MMCs以其明显的轻质及其成本优势，是用量最大的MMCs，主要被用于那些需要耐热耐磨的发动机和刹车部件，如活塞、缸套、刹车盘和刹车鼓等。当前，MMCs应用的广度、生产发展的速度和规模，已成为衡量一个国家材料科技水平的重要标志之一。美国、欧洲、日本是位列前三的MMCs消费大国和地区，其用量占世界MMCs消费量的2/3以上。

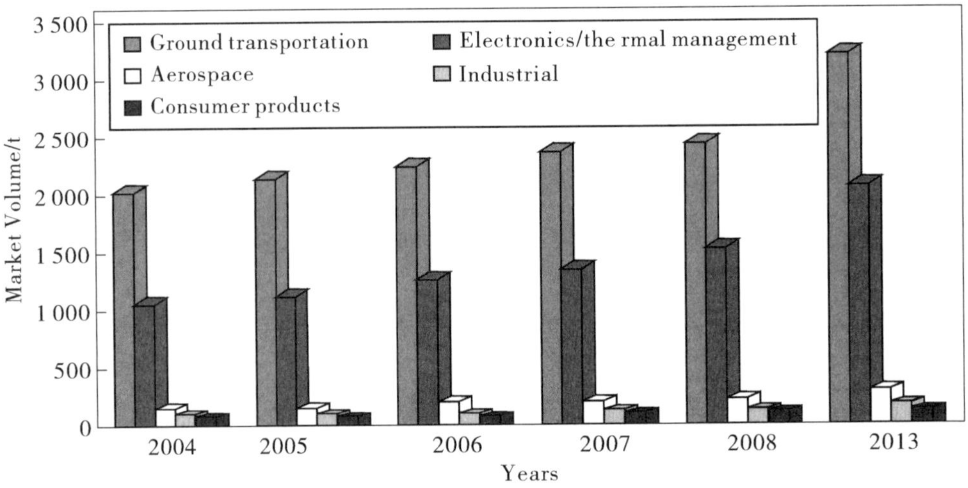

图1-1　金属基复合材料全球市场（2004—2013年）

（二）储氢合金材料产业发展现状[②]

自从20世纪70年代初期，德国的Justi和Ewe首次发现储氢合金可以采用电化学的方法可逆地吸放氢以来，世界各国广泛开展了储氢合金的研究。到目前为止，作为镍氢电池负极材料的储氢合金主要包括稀土

① 张荻，张国定，李志强. 金属基复合材料的现状与发展趋势［J］. 中国材料进展，2010，29（4）：1-7.
② 朱惜林. 储氢合金产业的发展现状和面临的问题及思考［C］//第三届中国包头·稀土产业论坛专家报告集，2011.

系、钛系、镁系、锆系和其他系列。由于各系列合金组成和化学计量比等均有较大差异，使其储氢性能也各有特点。

稀土系储氢合金以 AB_5 和 AB_3 型合金为典型代表，其中 $LaNi_5$ 系列合金是储氢合金最早被广泛研究的体系。$LaNi_5$ 储氢合金粉作为 20 世纪 60 年代末发现的新材料，经过 20 年的研究开发，在金属氢化物 - 镍电池（后简称镍氢电池）上的应用才取得成功，日本松下电器公司于 1989 年开始镍氢电池产业化生产和销售。AB_5 型合金由于受到单一 $CaCu_5$ 型结构的限制，合金的本征储氢量偏低，使 MH - Ni 电池在提高能量密度方面受到制约。因此，研究开发具有非 $CaCu_5$ 型晶体结构的新型稀土系储氢合金成为一个重要的研究方向。

研究表明，在 La - Ni 二元系中，$LaNi_2$（AB_2 型）、$LaNi_3$（AB_3 型）、La_2Ni_7（A_2B_7 型）的储氢量也都比 $LaNi_5$ 高，但由于吸氢后生成的氢化物为非晶态并具有较高的热力学稳定性而未能得到应用。近年来，由于日本的研究人员发现了一种能够可逆储氢的三元金属间化合物 RMg_2Ni_9，使 AB_3 型储氢合金的研究取得了新的进展。2004 年日本三洋电机公司成功开发了可提高镍氢电池的放电容量和输出功率密度的 A_2B_7 型负极材料。与原来材料相比，新材料吸附的氢原子可增加 25%，日本现在使用该材料生产低自放电型镍氢电池，但我国还没有电池厂大量使用。到目前为止稀土系储氢合金中，研究者集中研究了 AB_5 和 RE - Mg - Ni 系储氢合金，研究内容非常广泛并取得了大量的研究成果。随着研究的不断深入，成果不断转化为产品。近年来，对于稀土系储氢合金的研究论文数量逐渐减少，大量的研究工作已经从实验室阶段进入产业化阶段。同时，产业化生产也对储氢合金的性能提出了更高的要求。因此，实验室的研究也不断产生新的有创新性的成果。

日本储氢合金生产量在 2005 年以前比我国要大，但从 2005 年以后日本使用量在下降。1998—2007 年日本稀土储氢合金及小型镍氢电池生产情况如表 1 - 3 所示。

表 1-3　1998—2007 年日本稀土储氢合金及小型镍氢电池生产情况

年份	1998	1999	2000	2001	2002	2003	2004	2005	2006	2007
电池产量	6.43	8.68	10.26	6.3	5.4	3.84	3.10	3.21	3.27	3.05
电池出口量	6.4	8.59	10.21	5.58	4.86	2.88	2.58	2.60		
单　价	152	123	111	124	117	131	198	240		
储氢合金耗量	5 150	5 500	8 210	5 050	4 320	3 100	8 000	8 300	5 000	7 500
混合稀土金属耗量	1 550	1 650	2 500	1 520	1 300	1 020	3 200	3 700	1 600	2 500

注：储氢合金耗量和混合稀土金属耗量单位均为吨；电池的产量、出口量单位均为亿只；电池单价为日元/只。

2008 年日本电池产量 4.1 亿只，储氢合金用量为 5 000 ~ 6 000t，其中 HEV 的用量在 3 000 ~ 4 000t；我国无锡松下使用国产合金粉在1 000t 左右，其余大部分是低自放电型电池，储氢合金为日本产 A_2B_7 型合金粉。2009 年日本电池产销量随世界市场低迷也出现了较大幅度的下降，产量仅为 3.4 亿只，消耗储氢合金粉 4 000 ~ 5 000t，其中 HEV 月产约 5 万两，按 D 型电池计算使用储氢合金 3 500t 左右。2010 年日本电池产销量有较大提升，产量 4.5 亿只以上，生产消耗储氢合金粉 7 000 ~ 8 000t，混合电动车市场继续攀升。

（三）磁性材料产业发展现状

稀土永磁材料是目前已知的综合性能最高的永磁材料，其磁性能比 19 世纪使用的磁钢高 100 多倍，比铁氧体、铝镍钴性能优越得多，也比昂贵的铂钴合金的磁性能高。经过充磁后稀土永磁体不再需要外加能量就能建立很强的永久磁场，故稀土永磁体被称为超级磁体和当代永磁之王。稀土永磁材料于 20 世纪 60 年代后期开始发展，以年均 70% 左右的速度递增，其增长速率超过了整个永磁材料的增长速率。制造稀土永磁材料的稀土元素主要是钕、钐、镨、镝、铈等。稀土永磁材料迄今已发展了三代，第一代是 1∶5 型钐钴磁体（$SmCo_5$）；第二代是 2∶17 型钐钴磁体（Sm_2Co_{17}）及其他延伸产品；第三代为稀土铁系永磁体，最典型的为 $Nd_2Fe_{14}B$ 永磁体[①]。它们被广泛应用于各类电机、电声、核磁共振成像装置、医疗设备、磁悬浮列车、军事工业及其他光电子等高新技术领域。

当今世界汽车年产量近 10 000 万辆，节能意义非常重要。NdFeB 磁体应用于汽车的点火线圈、电动助力转向器及各种控制电机和音响喇叭等。如把汽车中的电机（数十个之多）改为永磁电机，重量可减轻 40% ~ 70%，效率可提高 50% 以上，还可节铜、节电。以年产 500 万辆汽车，每辆车用永磁体 2.5kg 计，仅用于汽车的永磁电机一项就需高性能永磁体 12.5 万吨，市场前景十分看好。而电动车和混合电动车的推广，正在加速 NdFeB 永磁在汽车工业上的应用。有预测显示，汽车行业的 NdFeB 需求量年增长率将达到 40% 以上[②]。另外，在能源日趋紧张的时代，将风能转化为电能正受到各国政府的政策支持。目前 1 兆瓦的机组使用 NdFeB 大致为 1 吨，随着风力发电行业的快速增长，NdFeB 在风力发电机组中的用量也将快速增加。

铁氧体一直以来占据了大部分低端永磁市场。同时，与 NdFeB 相比，铁氧体永磁具有十分明显的价格优势。永磁铁氧体生产技术方面，日本的 TDK 公司一直走在世界的前列。1999 年，TDK 采用 La、Co 组合离子代换技术，开发出了新一代 La - Co 置换型高档永磁铁氧体，并将这类新材料命名为 FB9B 和 FB9H 等牌号。2000 年又推出了 FB9N 牌号产品。针对全球日益增长的电动汽车和混合电动汽车等市场的需求，2001 年 TDK 公司还推出了 FB5D 干压各向异性永磁铁氧体，成为世界上性能最高的永磁铁氧体干压产品。

消费类电子产品一直是软磁材料最大的市场之一。彩电在消费类电子产品中一直占主导地位，今后发展热点是高清晰度、大屏幕和向数字

① 周寿增. 稀土永磁材料及其应用 [M]. 北京：冶金工业出版社，1990：219 - 334.

② 翁兴国. 2009 年中国磁性材料行业市场发展回顾与 2010 年展望. 磁性材料与器件行业协会，2009 - 5 - 19，http：//www.cre.net/show.php？contentid = 83895.

化过渡，主要性能要求包括：①高频化，要求铁氧体电源磁芯有较高的工作频率；②高清晰化，要求电源变压器功率稳定，材料功率损耗小、饱和磁化强度大；③图像稳定、彩色鲜艳，要求使用高磁导率材料、抗电磁干扰软磁磁芯和高性能聚焦片。每台液晶电视背光源逆变器要用12 ~26 副铁氧体磁芯，所以这无疑将成为软磁铁氧体行业近期最重要的新经济增长点①。

在照明工程方面，为进一步节约电能，半导体发光二极管（LED）的普遍推广导致对软磁铁氧体的需求量极大。同 HID、高压钠灯、高频无级灯等各种新型节能电光源一样，这些绿色照明设备中大都须用软磁铁氧体磁芯作为功率和滤波器件。其运用也愈来愈广泛。

随着数字技术、光纤通信和互联网的发展，电感器、滤波器、扼流圈、宽带和脉冲变压器的需求大大增加，其使用的软磁铁氧体要求磁导率（μ）值很高，而且希望提高工作频率。但是，批量稳定生产高磁导（$\mu_i \geqslant 10\,000$）的材料并不容易，只有国内外少数公司，包括 TDK、FDK、西门子和飞利浦等，能批量生产 10 000 ~ 15 000 的高磁导材料。

由于电磁波对各类电器的干扰造成环境电磁污染，特别是随着数字电路和开关电源应用的普及，电磁干扰（EMI）问题日趋严重，各国对电子仪器和设备的抗电磁干扰性能提出了越来越高的要求，以软磁铁氧体磁芯为基础的抗干扰元器件发展相当快，产品种类繁多，如 TDK 有 23 个系列，美国 Filter 公司有 16 个系列；韩国三星电子抗干扰磁性元器件年销售额高达 3 亿多美元。

21 世纪以来，由于稀土永磁材料生产成本高，而市场价格不断下降，以欧美为代表的西方发达国家磁性材料企业纷纷进行产业调整。美国钕铁硼产业已经从昔日的辉煌到今天全部没落，Crucib、Ugimag 关闭，Magnequench 搬到中国。2007 年，德国真空熔炼公司（VAC）并购了芬

---

① 沈庆峰，杨显万，刘春侠．软磁铁氧体永磁材料［J］．昆明理工大学学报：理工版，2003，28（2）：17 - 21，37.

兰的 Neorem 公司，使得欧洲实际上仅存一家烧结钕铁硼公司。日本主要有三家钕铁硼生产企业，包括全球最大的 Neomax 公司和老牌的磁性材料生产企业 TDK、信越化工。除了欧洲和日本两地外，全球其余的烧结钕铁硼生产企业全部在中国，其中 Neomax、TDK 和 Eorem 在中国已经建立磁体后加工基地；德国真空熔炼公司和中科三环合作，在北京成立了烧结钕铁硼合资企业三环瓦克华。粘结钕铁硼方面，全球的生产能力大部分集中在东南亚，在硬盘驱动器主轴电机应用方面，日本大通和上海爱普生（中科三环控股子公司）两家企业占据了整个市场份额的 90% 左右。

第三节　我国新材料产业发展现状

中国从“六五”期间已经开始新材料领域的科研攻关。在“七五”“八五”期间，新材料已经开始形成产业化的萌芽。新材料在1988年开始实施的我国第一个发展高新技术产业技术的“火炬”计划中，被列入重点研究开发领域。国家级“火炬”计划在“九五”期间共立项3 759项，新材料技术及应用占了26.79%，为我国新材料的产业化打下了坚实的基础。

从“十五”期间开始，中国新材料产业开始进入发展期。“十五”期间确定的新材料产业发展目标是：进一步满足国民经济和国防建设对新材料的需求，为提高我国整体工业水平、促进高新技术的发展做出贡献；在若干重要材料的前沿领域取得重大突破，使我国步入先进国家行列，在多数材料领域缩小与国外的差距，力争达到或接近国外当时的先进水平；大力推动我国新材料产业化进程，将部分产品打入国际市场。

“十一五”期间，我国已初步形成了比较完整的新材料产业体系。在《国务院关于加快培育和发展战略性新兴产业的决定》指导下，我国新材料产业在稀土功能材料、高性能膜材料、特种玻璃、功能陶瓷、半导体照明材料等新型功能材料，新型合金材料、高品质特殊钢、工程塑料等先进结构材料，以及芳纶、碳纤维、超高分子量聚乙烯纤维等高性能纤维及其复合材料方面取得了较大发展，并开展了纳米、超导、智能等共性基础材料研究。目前已在先进金属材料、新型高分子材料、高性能陶瓷材料、电子信息材料、电池材料、磁性材料、复合材料等方面形成了一批高技术新材料核心产业。

“十二五”规划纲要提出，以重大技术突破和重大发展需求为基础，促进新兴科技与新兴产业深度融合，在继续做强做大高新技术产业基础上，把战略性新兴产业培育发展成为先导性、支柱性产业，产业增加值要占国内生产总值的8%左右。战略性新兴产业共有7项内容，新材料就是其中的一项，同时由于新材料是其他产业的基础和先导，其重要作用也越来越突显，在国家重大发展战略下新材料产业有望驶入更快的发展道路。

我国的新材料产业领域的基地建设始于1995年。在新材料领域的成果转化与产业化方面，科技部共计批准37个区域性新材料产业基地，其中科技部高新司批准建立的国家新材料成果转化及产业化基地22个，国家火炬计划批准建立的基地15个。另外，还有吴江光电缆产业基地和十堰汽车关键部件产业基地两个与材料相关的基地。

一、有机发光材料产业发展现状

我国在OLED材料开发及相关工艺技术方面均未形成规模研发，相关的成果更多的是来自于高校和科研机构的实验室，尚缺乏企业的全面参与，更缺乏真正可以接受市场检验的技术亮点。华南理工大学、清华大学、吉林大学、苏州大学、中国科学院长春应用化学研究所、中国科学院理化技术研究所、香港城市大学等单位都在开展OLED材料和器件的研究，除了开发具有自主知识产权的OLED材料外，在器件结构和工艺方面也开展了大量工作。

在材料开发方面，一些具有自主知识产权的材料体系，例如空穴传输材料体系、电磷光配合物发光材料体系、单一聚合物白光高分子材料体系、新型水（醇）溶性荧光聚合物材料体系、电极的水溶性阴极修饰材料以及水溶性阳极界面修饰材料和高注入空穴界面材料等已经达到国际先进水平。特别是最近几年，针对高效率、高亮度、高稳定性OLED的要求，我国科研院所和大学的相关单位加强了蓝色磷光发光材料体系、高稳定性主体材料体系和高迁移率、高稳定性的电子传输材料体系的研究，为OLED的深入开发奠定了很好的基础。

在器件工艺方面，维信诺（Visionox）公司与清华大学合作开发红绿蓝白等各种颜色的OLED器件，已经广泛应用于自产的OLED产品，销往国内外众多客户；华南理工大学用印刷技术制备出了功率效率超过30 lm/W的聚合物白光OLED，同时还制备出了3.5英寸聚合物白光OLED照明板，并试制了聚合物白光OLED照明灯具，具有很好的照明效果；吉林大学制备的级联白光OLED在1 000 cd/m^{2}的亮度下电流效率可达36 cd/A等。此外，国内数家从事OLED显示技术开发的企业，一方面正在深入进行OLED显示技术的研发，另一方面也在进行OLED白光照明的研发。在可弯曲OLED器件方面，国内目前仅有清华大学、华南理工大学、香港城市大学等少数机构正在从事相关研究，整体研究水平与国外还有一定的差距。

另外，国内的OLED产业已初具规模，相应的产业链也渐显雏形。从产业链建设来看，从产业链上游的深圳莱宝公司、南玻集团等导电玻璃制造商，吉林奥来德公司、西安瑞联公司、北京阿格雷雅公司等有机半导体功能材料供应商，到产业链下游的昆山维信诺、成都虹视、信利半导体、北京京东方、上海天马等OLED显示屏生产企业，OLED蒸镀装备制造商东莞宏威数码机械、曝光机制造商上海微电子等，对OLED新材料、新器件工艺与生产装备等都有很大的需求。从产业发展来看，信利半导体和维信诺的PMOLED生产线已经运行多年，在国际上占有一席之地。天马、维信诺、彩虹、京东方等都在准备建设4.5G以上规模的AMOLED量产线；南京第一光电在建一条白光OLED照明器件生产线。这些都为我国发展OLED产业奠定了基础。

经过多年的技术积累和创新，北京京东方、维信诺、彩虹、上海天马等企业均已建立OLED实验线或中试线。在全球面板企业都在加速布局OLED时，中国企业也希望借助新技术占据战略高地。然而，我国高世代液晶面板生产线才刚刚起步，OLED的研发也大多集中在中小尺寸，在大尺寸OLED方面还没有涉及。

纳入国家“十二五”规划的OLED产业，在发改委、工信部的支持下，OLED显示产业有长足的发展和整体布局。除了维信诺公司之外，还有汕尾信利、上海天马、佛山彩虹等多家企业从事小尺寸PMOLED的研发和生产。此外，维信诺、京东方、长虹、天马等显示终端厂商也开始涉足 AMOLED 产业。如京东方开始筹建的内蒙古鄂尔多斯 5.5 代 AMOLED 生产线，创维与华南理工大学合作研发 AMOLED 技术并酝酿产业化，电子科技大学和京东方也共同建立了 OLED 联合实验室。

2010 年由国内 19 家 OLED 企事业单位在广东惠州共同发起的中国 OLED 产业联盟，有彩虹、维信诺、虹视、上海微电子、北方奥雷德、中显、宏威、吉林奥来德、TCL、阿格蕾雅、长虹、京东方、南京第壹有机光电等企业和研究机构参与。

近期，南京在紫金（新港）科技创业特别社区建立 OLED 产业孵化器。特别社区内已成立了一个光电技术研究院，准备把它建成战略性新兴产业平板显示的创新中心，主要功能就是进行 OLED 项目的孵化。依托南京经济技术开发区的国家显示器件产业园和液晶谷，围绕 OLED 显示和 OLED 照明，重点发展 OLED 材料、面板、模组、终端等，打造 OLED 全产业链。为了推动孵化出来的成果尽快实现产业化，产业园还规划了 300 亩的 OLED 产业基地，把 OLED 相关领域产业集中在一起。

近年，京东方、天马等企业积极布局 AMOLED 新型显示，特别是京东方在内蒙古鄂尔多斯投资兴建了中国大陆首条第 5.5 代 AMOLED 生产线，也是全球第二条 5.5 代 AMOLED 生产线。

长虹对 OLED 屏进行自主研发，攻克并掌握了整套的 PMOLED 量产技术、AMOLED 蒸镀封装核心技术、AMOLED 基板关键技术等完整 OLED 量产技术。同时，还建立了国内最完整的 PMOLED 显示屏及模组生产线，成功开发了 2.6、3.2、4.3、7.6 英寸的 AMOLED 显示屏，对大面积有机材料真空成膜、薄膜封装等技术进行研究。TCL 旗下的华星光电已经建立了一条 4.5 代 LTPS/OLED 面板试验性生产线，位于该公司的 8.5 代液晶面板线工厂内，已于 2013 年开始量产。

但目前的 OLED 市场，先不说大尺寸 AMOLED 面板，连中小尺寸市场都几乎被 SMD 独占，中国厂商虽发力 AMOLED 产业，但技术研发能力仍不足。在设备方面，中国尚无法自制 AMOLED 面板的关键制程设备，厂商必须采购昂贵的外国设备及其零部件进行生产，成本很难降低。

此外，有机发光层材料是影响 AMOLED 面板性能的关键，也是决定生产成本的另一重要指标。早期只有欧洲、美国与日本的少数公司销售相关材料，且价格偏高。我国面板厂商，目前仍进口较多国外关键材料。

中国台湾为了在 OLED 领域占有一席之地，台“经济部”也仿照三星的一条龙模式，号召友达、奇美电、联发科、宏碁、华硕、宏达电等企业，组成主动有机发光显示器（AMOLED）联盟，除了由官方、供应商及客户三方共同投入研发外，也借此整合上下游厂商，让厂商开发出来的新产品，在品牌业者的支持采用下，提高产能，共同抢攻 AMOLED 市场。目前和日本出光兴产株式会社进行联盟，希望联手抢占中小尺寸 AMOLED 市场。其中，中国台湾以友达布局速度最为迅速，举办 2012 年企业征才活动，在全年招募 2 500 名工程师，主要锁定在 AMOLED 等前沿技术开发人才，并且从 2012 年第二季度开始量产智能手机用 AMOLED 面板，面板尺寸为 4 ~ 5 英寸，分辨率为 250 ~ 300ppi，在中国台湾新竹的第 3. 5 代 AMOLED 生产线上量产。2013 年下半年，新加坡的第 4. 5 代生产线也开始量产，进一步推出下一代 OLED 面板，甚至扩大到大尺寸 OLED 平板电视面板。

目前，中国台湾厂商急需扩充 LTPS TFT 基板产能，加快量产市场需求量最高的中、小尺寸 AMOLED 面板，并与当地配套企业协作，提升材料与设备的自制率以降低成本。而大尺寸 AMOLED 面板，由于制程技术尚未成熟，且 AMOLED 电视价格昂贵、现阶段市场接受度较低，短期内不必急于投入量产。

2012 年 2 月康宁和三星移动显示成立一家新的股权合资企业，为迅速扩张的有机发光二极管（OLED）设备市场制造特种玻璃基板。结合了康宁 Lotus 玻璃基板技术与三星 OLED 显示技术，这一新的运营实体将占据优势地位，为当前和未来的用于手持设备、IT 设备以及大尺寸电视等的 OLED 技术提供出色的产品解决方案。

从世界范围的专利情况来看，日本和韩国在 OLED 产业方面的实力很强，且发展步伐较快。中国在专利领域则处于积累的初始阶段，仍需在相对较长的一段时间内对OLED产业基础研发工作投入更多精力，同时注重全球范围专利布局研究，并做好中国自身在该领域内的专利布局，以取得长足发展。国内面板厂商应在专利方面相互支持，与国内主要研究机构协同共同发展。

日本出光兴产株式会社、堡土谷化学工业株式会社，美国UDC公司以及一些韩国公司掌握了绝大部分的OLED材料。中国大陆缺少能够稳定量产供货OLED材料的厂商，所以目前OLED材料需要大量进口。目前，国外厂商因担心泄密，部分核心OLED材料不愿在中国大陆地区销售，造成了OLED材料在国内的销售额较小，尚未形成规模，一定程度上延缓了国内OLED产业的发展。①

二、生物医用材料产业发展现状

根据民政部门的报告，我国已有超过1 500万的肢体不自由患者，其中约800万残肢者，还有数百万由类风湿引发的大骨节病患者；冠心病患者已超过1 000万人，白内障盲人约500万人，牙缺损和牙缺失患者高达3亿多人。此外，我国正步入老年人社会，60岁以上的老年人口已达1.69亿，老龄化速度全球居首。身体老化不断引发机体组织和器官病变，需要及时治疗。由此引发对大量优质的生物医用材料及器件的需求，以供临床诊治的需要。

表1－4列出了国内一些主要介入或植入体内的生物材料和人工器官的市场需求和实用量，可以看出两者差距很大。随着我国经济的发展，医疗技术普及，对介入或植入体内的生物医用材料和人工器官需求会不断增加，将迫使我们要在消化吸收国外先进技术的基础上再创新，扩大国产制品的市场占有率。

① 浅析2012年全球OLED产业发展现状．http：//www.gdfpd.org/Detail_Info.aspx？ID＝2640.

表1-4　国内体内植入生物医用材料制品的市场需求

病例数/万例		需求量/(万·年$^{-1}$)	实用量/(万·年$^{-1}$)	国产率/%	进口价/万元
人工心脏瓣膜	250	25	1.5	1.5～2	2～3
起搏器	600	40	2	0.1～0.2	2.5
骨修复材料	300	200	20	0.05～0.15	2
人工关节	1 500	300	3	2	0.5～1.0
人工晶体	2 000	400	40	30	5
血管支架	2 000	100	2	60	60
人工血管	150	200	30	40	10
肾透析器	100	100	10	20	40

表1-5列出了国内常用生物医用材料制品的市场需求。常用生物医用材料制品虽然技术含量较低，但用量巨大，约占整个医疗器械市场的1/4，占整个生物医用材料和人工器官市场的一半。如此巨大的市场需求要求我们在科研和生产中加以重视，关注其质量的提高和新产品开发。

表1-5　国内常用生物医用材料制品的市场需求

	产值/亿元	国产率/%
一次性产品	60	80
敷料	50	60
缝合线（针）	8～10	60
避孕套	15～20	80

我国生物医用材料产业发展较晚，基础薄弱，产品种类较少，技术相对落后，科研与产业脱节，70%～80%的产品需求依靠进口。目前，技术含量较高的植入体内的生物医用材料用品约80%为进口产品。常用的生物医用材料产品进口率约为20%，此外还需进口大量的医用级原材料，如医用级聚乙烯、医用级涤纶、医用级聚四氟乙烯、医用级聚氨酯、医用级聚甲基丙烯酸甲酯等。同时我国材料加工工艺与国外差距较大，基础研究水平不高，如介入器材中的各种导管的管材都需要从国外进口。我国生物材料及制品占世界市场份额不足3%，十几亿人口的医疗保健需求与我国生

物材料、医疗器械及制药工业的薄弱基础形成了尖锐矛盾。这对于我国生物医用材料产业来说，既是一个难得的机遇，更是一个巨大的挑战。

近年来，在国家“973”计划、“863”计划、国家攻关、国家自然科学基金等的重点资助下，我国生物医用材料在基础研究方面有了长足进步，逐渐缩小了在组织工程、血液相容与净化材料、药物缓释、纳米材料、非病毒性基因治疗载体等领域与国际先进水平的差距，取得了一批具有自主知识产权的技术成果，如羟基磷灰石涂层技术、氧化钛和氮化钛涂层技术、纳米类骨磷灰石晶体与聚酰胺仿生复合生物活性材料、自固化磷酸钙材料、介入支架材料、聚乳酸及可吸收骨固定和修复材料、胶原和羟基磷灰石复合骨修复材料、免疫隔离微囊材料、壳聚糖防粘连材料、海藻酸钠血管栓塞材料等；并逐步建立了实力较强的生物医用材料的研发机构，与欧美差距已缩短至 5 ~ 10 年，如能继续加大投入，有机会很快迎头赶上。在生物材料的制造开发应用和加工方面，则与国外先进国家仍有较大的差距，落后 15 ~ 20 年，主要产品仍依赖进口。缺乏中试研究平台和先进加工手段，是影响我国生物医用材料科研成果进一步深化和推广应用的主要障碍之一。

我国的人工关节研究和生产水平不断提高，接近国际先进水平。国内人工关节生产企业有十多家，其产品占国内市场的 60% 左右（其中以北京百慕航材公司和北京普鲁斯外科植入物公司产量最大，约占国内市场 50%）。国内有多家企业生产骨缺损修复材料，其中，清华大学研发的纳米晶胶原/羟基磷灰石骨修复材料拥有自主技术，在美国亦获得专利。在人工心脏瓣膜方面，我国每年置换约 1.5 万例，其中 70% ~ 80% 使用进口产品。国内现有生产厂家为北京思达医用装置公司、兰州飞控集团公司和上海久灵医疗器械公司等。植入人工晶体治疗白内障手术国内每年达 40 万~ 50 万例，已相当普及。在北京、上海、珠海、郑州、厦门、苏州、安徽等地有 7 个生产企业，可生产一件式和三件式人工晶体硬镜，约占国内市场的 50% 。组织工程皮肤研究成果显著，第四军医大学、第三军医大学、上海第二医科大学等单位的产品已完成临床前研究，即将进入临床研究审批程序。在介入治疗材料方面，国内微创、维科、安泰、东普、先建等多家公司生产的冠脉支架已在临床上得到应用，并继续研究药物涂层支架，降低再狭窄率。导管则主要依赖进口，少量企业可以进行进口部件组装。

我国已注册的医疗器械生产企业有 7 000 多家（其中 3 000 多家为专业生产企业），材料类医疗器械生产企业约 3 000 家。这些生产企业绝大多数为中小型企业，属于高技术层次的生物医用材料企业数量极为有限。

近年来一些上市公司涉足生物医用材料产业，给生物医用材料产业发展注入新的活力。如北京有研亿金公司生产镍钛合金及支架产品，北京安泰公司生产介入器材和牙科材料，天津泰达集团生产人工晶体等医用材料，上海 KK 公司生产甲壳素、透明质酸钠等医用材料和产品，江苏阳光集团生产新型敷料和骨修复支架，四川迪康公司生产聚乳酸及骨固定和修复材料等。

随着高新技术的加速发展，国内医疗器械产业的面貌变化很大。目前每年以 10%～15% 的速度递增，2012 年已完成产值 1 573 亿元人民币，预计 2020 年可达万亿元规模。随着我国经济社会的发展，特别是广大农村和西部地区人民的生活水平提高，对生物医用材料的需求可能会大于这些预测。

三、新型高分子材料产业发展现状

（一）产业用纺织材料产业发展现状

中国目前已然成为国际上化纤、非织造布的生产大国，但不是强国。据日本化纤协会的统计资料①，2010 年全球纺织纤维的总产量为 7 229.7 万吨，比 2009 年增长 11.2%，其中化学纤维总产量为 4 656.4 万吨，比 2009 年增长了 11.4%。在天然纤维中，棉花产量为 2 447.3 万吨，比 2009 年增长 11.8%；羊毛 111.8 万吨，比 2009 年减少 1.9%；丝产量

① 郭合信. 雄居世界各国之首的中国化学纤维［J］. 广东无纺布，2011（2）：1－2.

14.2 万吨，比 2009 年增产 0.6%。

在化学纤维中，2010 年中国大陆化纤的总产量为 2 962.5 万吨，比 2009 年增长 15.3%，中国大陆化纤产量占全世界的 64.1%，雄居世界各国之首，其次为印度、东盟十国、西欧等地区。2010 年世界各国和地区化纤生产情况如表 1－6 所示。

表 1－6　2010 年世界各国和地区化纤生产情况　　单位：千吨

地区	涤纶		锦纶	腈纶	合纤	纤维素	化纤	构成比/%
	长丝	短纤维	长＋短	短纤维				
日本	188 15.6	158 8.4	94 25.8	142 14.5	702 23.3	63 8.5	765 21.9	1.7
韩国	748 11.5	527 5.0	135 2.1	50 23.3	1 479 8.4	5 2.0	1 485 8.4	3.2
中国大陆	16 789 18.6	8 345 13.0	1 618 12.3	657 －5.0	27 790 15.8	1 835 8.2	29 625 15.3	64.1
中国台湾省	1 115 9.4	602 5.6	388 25.4	98 －12.4	2 225 9.5	100 －5.2	2 325 8.7	5.0
东盟	1 301 3.8	904 3.1	90 1.3	93 1.0	2 388 2.9	419 5.0	2 807 3.2	6.1
印度	1 443 0.2	874 1.3	97 12.0	71 －23.0	2 486 0.1	338 3.0	2 824 0.5	6.1
美国	470 24.8	588 11.5	628 －1.5	0 0.0	1 805 8.7	15 －12.9	1 819 8.5	3.9
西欧	428 26.6	475 27.7	385 5.5	572 4.1	1 906 14.1	410 8.5	2 316 13.1	5.0
世界合计	22 938 15.5	13 475 10.5	3 875 8.4	1 981 0.6	42 977 12.4	3 238 6.4	46 215 12.0	100.0

注：①表格上段为生产量，下段为比上年增减率（%）；
②包括估计值；
③不含聚烯烃纤维、醋酯丝束。

产业用纺织品伴随着国民经济的发展、人民生活水平的提高经历了十余年的快速发展。在新世纪世界经济危机的 2008—2009 年，我国产业用纺织品和非织造布的产量仍以超过 19% 的增长率增长，2010 年保持两位数的增长率，真正发挥了其作为纺织行业新的经济增长极的作用。

2006—2010年，据国家统计局公布，我国规模以上三大类产业用纺织品（绳带缆、帘子布和非织造布）生产企业的数量由1 052家增加到1 772家，年均增长13.9%。三大类产业用纺织品规模以上企业的工业生产总值由2006年的498亿元增加到2010年的1 119亿元，年均增长22.4%；2007年以后工业总产值增速逐年加快，如图1－2所示。三大类产业用纺织品的净利润率稳步提高，由2006年的3.6%上升到2010年的4.6%。2006年产业用纺织品出口额为67.5亿美元，5年间以17.1%的速度增长，2010年前11个月达到126.9亿美元，如图1－3所示①。

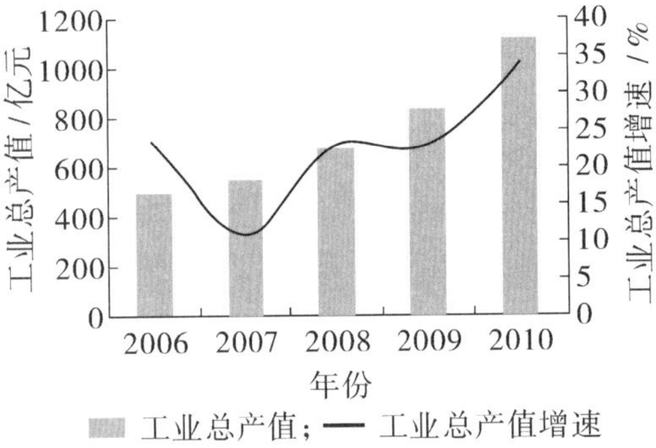

图1－2　三大类产业用纺织品规模以上企业工业总产值及其增速

（数据来源：中国国家统计局）

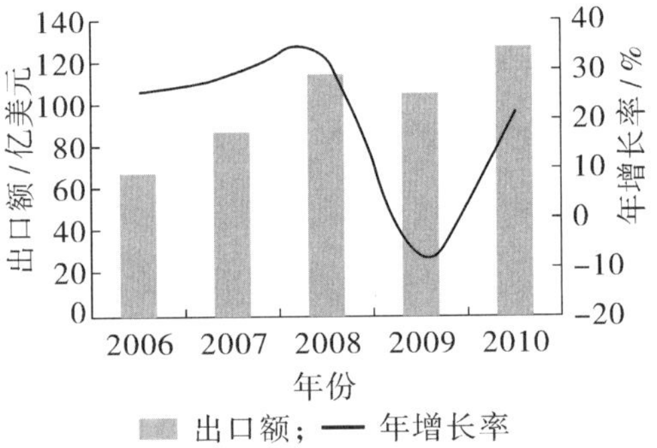

图1－3　2006—2010年11月产业用纺织品出口额

（数据来源：中国国家海关）

2011年产业用纺织品出口地区浙江第一（30%），其次为江苏（16%）、广东（13%）、山东（10%）、上海（8%）和福建（7%），其他省市共占16%，其中福建省的产业用纺织品近年来得到大力发展，其出口增幅超过50%。

各省市化纤工业的发展很不平衡。全国31个省、市、自治区中，有西藏、青海、贵州三地尚没有生产化纤，中国生产化纤最大的省是浙江

① 张传雄，季建兵，李桂梅．我国产业用纺织品整体经济运行情况及发展趋势［J］．产业用纺织品，2011（8）：1－5．

省，约占全国产量的43.84%，其次为江苏省（32.88%）、福建省（6.28%）、山东省、河南省、上海市、广东省、四川省、吉林省和河北省。由此可见，中国化纤生产主要集中在江浙两省。此二省的产量占全国产量的75%以上。广东省化纤的产量在20世纪八九十年代曾居全国第三位，后日益下滑，现已排到第七位，其产量仅占全国总产量的1.7%。另一方面，广东省的纺织品年产量与进出口数量在全国名列前茅。浙江与江苏生产的各种化纤相当一部分销往广东。作为纺织原料，过去广东省的纺织工业是靠北棉南运，现在则是东纤南下①。

虽然中国的产业用纺织品产量最大，但是质量不高。以聚酯纤维为例，2011年全球十大聚酯纤维生产商如表1-7② 所示，其中中国占了7位。但是中国目前高性能化学纤维的生产和技术远远落后于日本和韩国，部分技术落后于美国，反而众多国际知名的纤维生产企业在中国投资建厂，杜邦、帝人便是典型的代表。

由于我国产业用纺织品行业在原料生产、制造设备和工艺方面与国外先进水平还存在不小的差距，技术含量高和附加值高的产品仍然需要进口。进口产品主要是产业用塑料涂层织物、非织造布、产业用玻纤制品和造纸用纺织品。

对于高性能纤维而言，国内的技术与国外尚存在明显的差距。以碳纤维为例，中国的碳纤维生产能力与其他国家相比，有着相当大的差距。其中，主要有两大原因限制了中国碳纤维的发展：首先是中国生产的碳纤维原丝的质量问题；其次是缺少耐高温材料以及大型高温反应釜。为了打破西方国家在碳纤维领域的技术垄断，同时也为了满足国内市场需求，一些化纤企业开始向高性能碳纤维领域进军。山西恒天纺织新纤维科技有限公司建设了年产1 200吨PAN基碳纤维原丝改扩建项目；连云港神鹰新材料有限公司建设了年产2 500吨聚丙烯腈原丝以及1 000吨碳

① 郭合信. 雄居世界各国之首的中国化学纤维［J］. 广东无纺布，2011（2）：1-2.
② 中国纤维产业泡沫何时坍塌［J］. 广东无纺布，2011（6）：8-9.

纤维项目。目前这些生产线均已建成投产。

表 1－7　2011 年全球十大聚酯纤维生产商　　单位：100 吨/年

排名	生产商	长丝	工业丝	短纤维	总计
1	Reliance Industries/印度、马来西亚	1 164	—	774	1 938
2	中石化	125	23	995	1 143
3	Indorama/印度、印度尼西亚、泰国	462	—	505	967
4	南亚/中国、越南、美国	520	16	420	956
5	江苏三房巷/中国			840	840
6	浙江桐昆/中国	800			800
7	浙江荣盛/中国	540		200	740
8	绍兴远东/中国	420		300	720
9	江苏恒力/中国	600	80		680
10	深圳盛弘/中国	675			675
总 NAFTA		254	310	756	1 320

来源：PCI Fibers.

（二）橡塑材料产业发展现状

我国 2010 年聚烯烃消费约 3 100 万吨，其中，国产聚烯烃产品占总消费量的 62%，约 1 950 万吨。聚烯烃是石油化工和煤化工的重要产品，其生产技术的发展对我国煤化工和石油化工产业的发展有重大影响。目前，我国聚烯烃产业由于生产能力增长过快，大大超过了消费增长，国内聚丙烯（PP）、聚乙烯（PE）产品出现相对过剩。2009—2010 年，新增 PP 和 PE 产能总计约 900 万吨，比 2008 年增长约 60%。世界范围内的 PP 和 PE 生产也早已是供过于求。

在如此激烈的市场竞争中，开发高性能低成本聚烯烃新产品显得尤为重要。国家“973”项目对聚烯烃中的高分子物理问题进行了长达 10

年的深入研究，解决了聚烯烃涉及的主要高分子物理问题，对我国聚烯烃产业的发展做出了重要的贡献。

以高性能双向拉伸 PP（BOPP）树脂为例，“973”项目组开始进行高分子物理基础研究之前，我国 BOPP 树脂的拉膜速度仅为每分钟 200 多米。通过进行高分子物理的基础研究和技术攻关的努力，我国 BOPP 树脂的性能极大改进，拉膜速度也大幅度提高，目前大多数树脂可满足 400m/min 以上拉膜速度的要求；还开发出一些独创性的新材料，如高速 BOPP 均聚树脂、高速高挺度 BOPP 树脂等，这些新产品实现了技术上的重大创新，突破了 BOPP 传统生产技术的限制。例如，我国引进的 BOPP 生产技术，等规度需要控制在 96% 以下，因而材料的强度较低。而在“973”项目的基础理论研究结果基础上，我国企业开发的高速高挺度 BOPP 专利技术，产品的等规度可达 98% 以上，大幅度提高了材料强度。另外，高速均聚 BOPP 树脂技术也与国外不同，在保证高等规度的同时，创新性地应用了非对称加外给电子体技术，生产出多种高性能产品。目前，我国 BOPP 的产量和消费量均为世界第一，年生产能力已经达到了 300 多万吨。

我国聚烯烃催化剂已实现全面国产化，聚烯烃生产中助剂的平均成本已超过催化剂，对低成本高性能聚烯烃助剂的需求越来越急迫。中国石化北京化工研究院开发的高性能低成本聚丙烯结晶成核剂就是一个成功的范例，它能极大地提高成核剂的成核效率，降低高性能聚丙烯树脂产品的成本。

“十二五”期间我国仍应大力发展高性能的聚烯烃新产品，包括开发耐热聚乙烯（PE－RT）、电工膜用 PP、软 PP、低热封温度 PP、茂金属 PP、环氧丙烷（PO）、透明多相 PP、弹性体等国内仍然需要进口的高性能产品，更应该根据我国国情需要，开发家电用抗静电 PO、低成本抗菌 PO、洗衣机用白洁 PP 等一系列全新的产品，以满足我国相关行业生产和人民消费的需求。为了源源不断开发这些高性能聚烯烃产品，需要基础研究的有力支撑，必须对高分子物理、新的聚合工艺、催化剂和助剂等问题进行深入的研究。

我国2010年工程塑料的需求量约260万吨，其中2/3左右仍然需要进口。我国已有生产的通用工程塑料有尼龙、聚碳、聚甲醛、聚酯、聚苯醚等。在国外已产业化的近10个特种工程塑料中，我国已完成了7种塑料的实验室研究。

“十二五”期间，我国通用工程塑料发展方向应以提高性能和扩大产能为主，特种工程塑料应加快产业化步伐，减小对外依赖程度。针对我国国情，聚对苯二甲酸乙二醇酯（PET）的工程塑料化研究大有可为。我国现状是工程塑料产能不足的同时，PET产能过剩。而PET一旦结晶是一种非常好的工程塑料，问题症结在于PET结晶速度太慢，使其工程塑料化的关键就是提高其结晶速率。这样的研究工作难度是很大的，我国只有从基础研究入手，发挥产、学、研合作的优势，在新型成核剂和分子结构调整方面取得突破性进展，才能低成本地实现PET的工程塑料化。

近年来，随着国民经济的蓬勃发展，其产量越来越大，使用越来越普及，废旧塑料的产生量也越来越多，其回收及再利用的研究，对于环境保护和资源再生具有重要意义。塑料是四大基础材料（水泥、木材、钢铁、塑料）中可实现“减量化、再利用、资源化”的材料之一，绝大部分塑料使用后能够被回收再利用，是典型的资源节约型、环境友好型材料。塑料的原料主要来自不可再生的煤、石油、天然气等化石燃料，可以说再生塑料等于是节约石油等不可再生资源。“塑料再生”作为一个新兴产业正在不断发展壮大，渐成规模。据统计，我国目前废旧塑料总量已超过2 000万吨，广东省再生塑料总量也已超过500万吨。从减少原油消耗角度来看，按照生产1吨塑料需要2吨石油估算，相当于节约了近千万吨原油的使用；从减少二氧化碳排放来分析，按照利用1吨再生塑料平均减少排放2.5吨二氧化碳估算，可以减少二氧化碳排放1 250万吨，相当于8万公顷森林一年的碳汇量。塑料制品行业年均发展速度超过10%，意味着每年二氧化碳排放量以超过10%的速度递增。若资源再生行业得不到良好的发展，则将大大削弱其在国民经济发展中的作用。

反之，将带来显著的资源、环境效益与温室气体的减排。

目前，世界合成树脂的产量已超过2.6亿吨/年，中国塑料制品产量已超过5 000万吨/年。合成树脂与塑料工业的飞速发展，导致废旧塑料数量激增，环境污染日益严重。大力发展废旧塑料回收和综合利用，可以减少对原生自然资源的开采，提高资源综合利用的效率，是世界的发展趋势，是我国循环经济和可持续发展的重要一环。同时，积极推进再生资源的回收利用还是治理污染的重要措施。《国家中长期科学和技术发展规划纲要（2006—2020)》将“废弃物等资源化利用技术”作为“综合治污与废弃物循环利用”重点领域的优先主题。大力开展再生资源的回收和利用，是提高资源的利用效率、保护环境、建立资源节约型和环境友好型社会的重要途径之一，同时也是实施可持续发展战略和转变经济增长方式的必然要求。

中国虽然已是一个橡胶工业大国，但并非一个橡胶工业强国。存在的问题仍然较多，例如：人均产量和人均消费量远低于世界水平；原料天然橡胶和合成橡胶仍需大量进口；企业规模小，自动化、连续化、信息化程度较低；产品结构不合理，缺乏世界级名牌产品；能源消耗高，环境污染不容忽视；科技投入少，人才缺乏，自主创新少，等等。橡胶工业的进一步发展必须依靠科学技术的进步和教育事业的发展，其中产学研结合特别是企业与高等学校的结合，将对我国橡胶工业的自主创新和进一步发展产生深远的影响。总之，中国橡胶工业在产品结构、质量水平、制造技术、企业结构、品牌等方面与世界先进水平相比还有很大差距，在橡胶材料方面长期处于供需严重不足的状况。中国是一个发展中的橡胶工业大国，是一个向世界橡胶工业强国发展的国家[①]。

经过多年发展，高分子材料产业规模不断壮大，在国民经济各领域的应用不断扩大，初步形成了包括研发、设计、生产和应用，品种门类较为齐全的产业体系。但是，我国高分子材料产业总体发展水平仍与发

① 蔡为民．我国轮胎工业发展现状及对橡胶的需求［J]．橡胶科技市场，2010（12)：1－3.

达国家有较大差距，产业发展面临一些亟待解决的问题，主要表现在：自主开发能力薄弱，大型材料企业创新动力不强，关键新材料保障能力不足；产学研用相互脱节，产业链条短，新材料推广应用困难，产业发展模式不完善；产业缺乏统筹规划和政策引导，研发投入少且分散，基础管理工作比较薄弱。

四、先进金属材料产业发展现状

（一）铝合金产业发展现状

铝加工产业近年来的发展十分迅猛，成为很多国家和地区的支柱产业之一。2010 年中国的铝产量（原铝加再生铝）和铝材的生产情况见表 1－8[①]。从表可以看出，铝合金产业主要包括铝加工（固态成型）和铝铸造材（液态成型）两大基础产业。其中以铝加工的产业更大，主要包括轧制（板、带、箔材）和挤压（管、棒、型、线材）；从整个世界生产量看，轧制铝材的比例更大，但中国挤压铝材的比例更大。

表 1－8　2010 年世界与中国铝加工材生产情况　　单位：万吨

项目	世界	中国
电解铝（加再生铝）	4 500（+2 000）	1 600（+480）
铝加工材（合计）	4 000	1 680（电缆线材 150）
铝轧制材（板、带、箔材）	2 200	540＋130＝670
铝挤压材（管、棒、型、线材）	1800	840＋110＝950
铝轧制材：铝挤压材	56 ：44	41 ：59
铝合金型材（合计）	1 450	840
铝建筑材	650	560
铝工业材	810	280
铝建筑材：铝工业材	43 ：57	66 ：34
铝铸造材	2 200	280
铝及铝材的年平均增长率	5%～6%	15%～20%

① 刘静安. 浅议铝合金材料及加工工业与技术的发展动向［J］. 铝加工，2012（1）：13－18.

目前，中国铝合金轧制产业正以20%～25%的年增长率增长，比世界年平均增长率（5%～6%）高得多。国内有20余个已建、在建、拟建的年产量达10万吨/年以上的铝板、带、箔材项目，8～10个20万吨/年以上的项目。我国铝板、带、箔的产能占世界产能的1/4左右，已达到800万吨/年以上。2010年，我国铝箔生产能力达150万吨/年，稳居世界之首。我国现代铝工业发展的一个重要特点是：高速发展铝合金材料生产，扩大产能和品种，合理调整产业结构和产品结构，满足国内外市场对铝合金板、带、箔的日益增长的需求。

中国铝工业和铝加工业经过60多年的发展和积累，经历了从无到有，由小到大，由低级到中级、高级的发展过程。我国已成为名副其实的铝业大国，正在向着铝业强国挺进。铝材产量由1980年不到30万吨增长到2010年的1 680万吨，跃居世界第一。表1－9所示[①]为近年中国铝挤压材年生产能力、产量及出口量统计数据。2010年，中国铝挤压材产能达1 000万吨/年，实际产量达950万吨，成为净铝材出口国[②]。

表1－9　中国铝挤压材年生产能力、产量及出口量统计表

单位：万吨/年

项目	2005年	2006年	2007年	2008年	2009年	2010年
年生产能力	439	670	750	780	950	1 000
年产量	298.8	484	660	720	860	950
年净出口	30.71	58.6	87	50	80	100

在铝合金挤压型材中，主要包括建筑型材和工业型材，从世界总体产量看，两者在2010年的比例为43∶57，而中国的产量比例为66∶34。在铝合金的固态加工中，建筑型材是主要的挤压产品。从20世纪80年代初到20世纪末，是我国铝合金民用建筑型材发展的鼎盛时期。广东扮演了重要角色，中小型铝合金建筑型材厂如雨后春笋一样，出现在广东

① 张庆. 交通用铝方兴未艾［J］. 中国金属通报，2011（25）：16－17.
② 刘静安. 铝挤压向产业强国起航［J］. 中国金属通报，2012（9）：16－19.

的大沥、南海、佛山等地区，高峰时达四五百家，一省产量占全国产量的60%以上。长三角、环渤海湾地区也相继发展铝业，形成三足鼎立局面。到目前，全国共有铝合金挤压厂780多家，年产能达1 000万吨左右，2010年实际产量达950万吨，其中80%以上是民用建筑型材。随着我国加速城市化，在25～30年内，我国民用建筑铝型材仍将有很大的发展空间，预计年增长率为10%左右。

我国工业铝型材的发展远远落后于建筑铝型材，也落后于国际先进水平。据工业发达国家统计，铝材消费的前三大用户是交通运输业（36%）、建筑业（21%）和包装业（20%），尤其在交通运输业中，为了实现其高速化、轻量化，满足现代交通运输工具高速、安全、节能、环保的车辆、船舶和集装箱的需要，铝材在交通运输业中的应用比例具有逐年扩大之势①。交通运输业中的铝材主要是工业铝型材，而目前我国工业铝型材的发展还不能满足需求，这当中蕴藏一个非常有潜力的巨大市场。此外，世界制造业转向中国，大大促进了我国飞机制造、交通运输、汽车制造、集装箱、机械制造、电子电器、石油化工、能源等工业部门的发展，出口量逐年增加，工业用铝型材的消耗量会迅速增长，预计我国工业用铝合金挤压材在未来20年内将以年均18%的速度增长，发展空间巨大。

近年来，我国国民经济和高新技术的稳定、持续、快速发展，促使我国铝冶炼和铝型材加工业发展十分迅速。中国铝加工业紧密结合市场和科学发展的需求，使传统铝加工材已经逐步完成了向现代化工业铝型材转变，因此中国铝加工材品种已发生了巨大变化。大部分的企业以生产低端的铝建筑材为主。2010年我国铝工业材产量280万吨，但随着各行业对铝材需求量的增加，铝工业材的生产量将迅速增长。表1－10所示为2015年中国各行业对工业铝型材的需求量估计。到2015年，工业铝型材的需求量预计将达到530万吨。

① 张庆．交通用铝方兴未艾［J］．中国金属通报，2011（25）：16－17．

目前，我国工业铝型材占铝型材总应用量约 30%，主要应用于交通运输业（约 10%）、装备和机械设备制造业（约 10%）、耐用消费品业（12%）等，远低于同期的欧洲、北美和日本的铝型材工业耗用比例。消费结构的差异反映出我国铝型材在工业领域的生产、开发和应用方面的不足，同时还显示出我国工业铝型材市场还有巨大的增长空间。预计在未来 5 ~ 10 年，我国工业铝型材的消费量将持续增长，2015 年在铝型材产品中的比例将上升到 45% ~ 50%。根据我国政府的相关规划，未来 10 年内，工业型材占铝型材总应用量的比重将接近 70%。与建筑型材相比，工业型材可以为企业提高 20% ~ 30% 的利润空间，发展工业铝型材能够为企业赢得丰厚的经济收益。此外，工业铝型材生产过程中也比较低碳环保，符合国家节能减排和铝型材行业轻量化发展的需求。

表 1 - 10　2015 年中国各行业对工业铝型材的需求量（估计）①

产品名称	外接圆直径/mm	使用部门	年需求量/t
铁道列车型材	200 ~ 640	铁道部门	500 000
地铁和轻轨列车及高速列车型材	200 ~ 640	地铁和城郊部门	500 000
飞机及军工型材	180 ~ 600	军工部门	300 000
汽车型材	160 ~ 450	汽车制造	300 000
冷藏车厢和冷冻板	180 ~ 350	汽车制造	150 000
专用车辆型材	160 ~ 400	汽车制造	150 000
船舶用型材	150 ~ 500	船舶制造	100 000
集装箱型材	150 ~ 400	集装箱制造	700 000
硫化机架和矿井设备	150 ~ 350	矿山机械	200 000
空调散热器型材	180 ~ 500	电器行业	300 000
机架、框架、连杆、滑板等	200 ~ 500	机械行业	100 000

① 刘静安. 铝挤压向产业强国起航［J］. 中国金属通报，2012（9）：16 - 19.

续表 1－10

产品名称	外接圆直径/mm	使用部门	年需求量/t
路灯杆、旗杆、电线杆（三杆）	ϕ200 ～ ϕ400	城建行业	100 000
电梯骨架动力能源（含太阳能等新能源）	240 ～ 400	能源工业	600 000
电机外壳、机电制造（含机电外壳等）	180 ～ 330	电机制造	200 000
管母线及电力配件	ϕ200 ～ ϕ500	电力工业	300 000
其他（含棒材）	ϕ80 ～ ϕ500	各工业部门	800 000
合计			5 300 000

注：表中数据为估算，仅供参考。

我国尚未形成金属基复合材料（MMCs）产业标准与军用标准，目前还没有规模生产的能力，仅少数研制单位能小批量生产，品种、规格还比较单一，支撑着国防和军工建设。轻质高强多功能金属基复合材料是典型的军民两用型新材料，其在航天航空、先进武器等军事领域的应用具有不可替代性。也正是由于金属基复合材料特殊的国防军工应用背景，国外对核心技术和产品严格保密。随着我国在航天航空、空间技术、高速交通、通讯电子等领域的综合实力的提升，汽车发动机零部件、高速列车制动系统、电子封装及核废燃料辐射防护等方面对高性能金属基复合材料的需求日益增加。近年来，西方一些金属基复合材料公司相继在中国建立了若干合资或独资企业，瞄准中国庞大的市场，但是中国并不能寄希望于他们转移相关技术。为了避免受制于人，我国必须尽快提升金属基复合材料的自主生产和应用水平。

（二）储氢材料产业发展现状

20 世纪 80 年代起，我国开始研制储氢合金，90 年代初开始能够批量生产，并成功研制成为 Ni－MH 充电电池的负极材料。在国家“863”计划的实施中，对我国储氢合金粉的生产进行了技术攻关，并成功建立示范生产线。自此，我国储氢合金产业获得了飞速的发展。现阶段，我国储氢合金在资源、生产技术、规模、品种、质量方面都处于领先地位。我国已成为储氢合金生产和应用大国①，2011 年中国储氢合金粉的年生产能力为 25 000t，实际需求为 15 000t，处于供大于求的状态。目前国内储氢合金行业中，有 13 家比较大的企业，排名前五家的企业为：厦门钨业（4 500t/年）、四会市达博文实业有限公司（4 500t/年）、鞍山鑫普新材料有限公司（3 500t/年）、内蒙古稀土奥科贮氢合金有限公司（3 000t/年）、赣州华京新材料有限公司（2 000t）②。

对中国来说，随着中国经济的发展和社会进步，中国能耗增长越来越快。1993 年以来，中国已从石油净出口国转变为石油净进口国，并且石油短缺情况越来越严重，呈逐年递增态势。国务院发布了发展报告称 2020 年我国石油需求量达 4.5 亿吨，60% 以上需要进口。由此可见，中国能源安全形势日益严峻。因此，发展氢经济是中国解决能源危机的战略选择。中国应加大对氢生产、储运和应用等领域的基础研究，同时积极开展与国际社会的合作，推进氢经济的发展。

现阶段，我国的氢能技术与产业处于市场化初期。2008 年北京奥运会及 2010 年的上海世博会，氢燃料电池车和氢气加注站的初步应用为我国以后氢经济的发展积累了经验。近几年，我国氢能的许多应用如备用电源、热电联供等已经进入市场，氢燃料电池车也预计在 2015 年进入市场。此外，上海汽车集团股份有限公司规划到 2015 年生产 1 000 辆氢燃料电池汽车，由此可见，我国氢经济开始进入产业化初级阶段。

（三）磁性材料产业发展现状

2012 年，对 NdFeB 永磁材料的要求，我国仅风力发电、节能电梯、节能环保空调、混合动力汽车、EPS 等应用领域就有约 15 000t 的市场容

① 林河成. 稀土储氢合金粉的生产及应用 [J]. 粉末冶金工业，2002（6）：34.

② 中国稀土在线. 储氢合金产业的发展现状及面临的问题 [EB/OL]. http://www.reht.com/?thread-1533-1.html.

量。2014年，我国高性能NdFeB永磁材料行业下游需求分布如图1－4①所示。其中，节能风能发电设备制造、节能电梯曳引机制造、节能环保空调、EPS节能环保电机及混合动力汽车的应用将超过2014年我国高性能NdFeB永磁材料总需求量的80%。2006—2014年，我国高性能NdFeB永磁材料在风力发电、节能电梯、节能环保空调、混合动力汽车、EPS五大应用领域的市场容量情况如图1－5②所示。

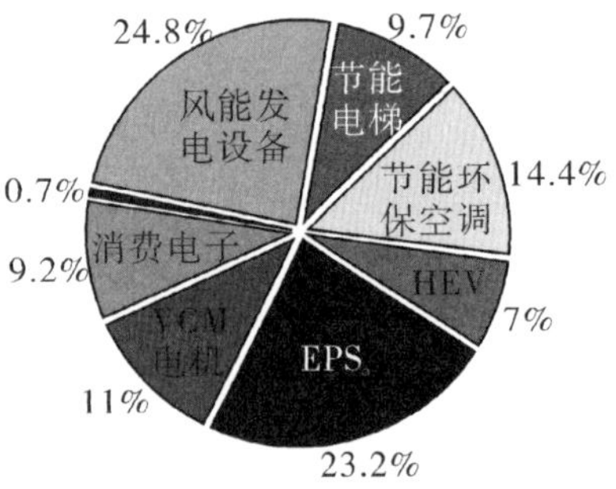

图1－4　2014年我国高性能NdFeB永磁材料行业下游需求分布

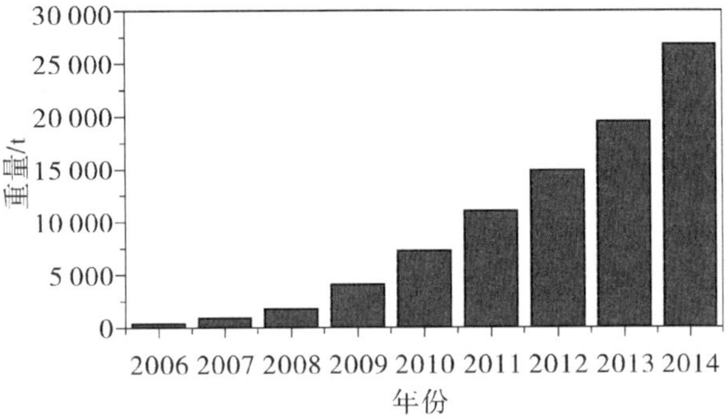

图1－5　2006—2014年我国高性能NdFeB永磁材料在风力发电、节能电梯、节能环保空调、混合动力汽车、EPS五大应用领域的市场容量

我国NdFeB永磁产量从2001年起开始超过了日本，近几年年平均增长率高达30%以上。2010年，我国烧结NdFeB磁体的产量接近8万吨，超过全球产量的80.0%，年产值超过300亿元。但大多数生产厂家因产品档次低，附加值也较低。目前，我国虽然已有许多企业能生产磁能积大于45 MGOe（360 kJ/m^3）的高端烧结NdFeB磁体，但在产品的稳定性和均匀性方面还有待进一步改善。此外，在纳米晶NdFeB磁粉方面，主要市场被美国Magnequench公司垄断，中国许多小的企业产品只占有小于20%的市场份额，技术和销售都需要进一步加强。

---

① 我国高性能钕铁硼永磁材料发展现状浅析，中国电子材料网，2010年.

② http：//www. c－e－m. com/info/dispnews. asp？ autoid＝6301.

2007年，我国铁氧体材料年产量达到43万吨，占世界总产量的52%，已取代日本成为世界第一大永磁铁氧体的生产国和出口国。未来数十年内，预计我国的铁氧体材料生产的中心位置仍会非常牢固。据信息产业部的调查，2012年永磁铁氧体的全球需求量达100万吨以上。但是，我国是永磁铁氧体的第一生产大国，并不是永磁铁氧体的技术强国。在高档永磁铁氧体产品的开发和生产方面，与发达国家有较大的差距。我国的产品结构中，低档产品的比重大，高技术的中、高档产品比重小。产品平均价格仅为日本本土同类产品价格的1/3。

我国软磁材料科技发展迅速，但与国外相比尚有较大差距，基础理论研究特别是技术创新能力薄弱，技术水平和产品高技术含量低，产品单一。大多数企业生产规模还小，年产量普遍在1 000吨以下，而初具规模的国外公司一般年产软磁铁氧体在3 000吨以上，TDK、FDK等公司年产量更是高达20 000吨以上。因此我国软磁铁氧体行业应合理规划和布局产业结构，集中资金与力量，培育发展规模经济和出口基地。

随着全球经济回暖和低碳经济时代的到来，2012年中国的磁性材料产业强劲复苏，市场需求旺盛，低碳和绿色经济的发展及内需的拉动持续推动磁性材料的发展，今后仍将是未来经济发展的大趋势，也将是未来新型的高新磁性材料应用和市场的重要发展方向。但当今经济全球化，由于影响经济发展的因素众多，全球经济发展具有不稳定性、波动性和不平衡性，全球金融和经济形势的变化对中国经济的影响以及中国经济自身的发展变化必然会对中国的磁性材料应用市场和行业发展形势带来影响和波动①。

近几年，全球磁性材料的产量依托于电子技术以及环保科技的迅速发展而出现大幅度的增长。2004—2010年，全球永磁材料和软磁材料产量的年复合增长率达到9%和17%。而中国磁性材料的产量一直位居全球第一。2011年，我国永磁材料产量大约为63万吨，约占全球市场容量

① 翁兴园. 中国磁性材料行业当前的形势与对策及未来发展趋势［J］. 新材料产业，2009（2）：37-43.

的 76%；我国软磁材料产量大约为 37 万吨，约占全球市场容量的 70%。随着新材料“十二五”规划中对磁性材料发展进行规划，以及国家将大力扶持新兴产业等政策背景下，结合当下对低碳和绿色经济的持续发展，磁性材料行业将出现结构性调整并联动整个产业链腾飞。

第二章

广东新材料产业现状分析

第一节 广东 OLED 材料产业现状分析

一、广东 OLED 材料与器件产业现状

光电信息材料是电子信息产业的基础，在平板显示、新型照明半导体材料、新型能源半导体材料、光通讯材料、电子材料与元器件领域有重要和广泛的应用。OLED 在平板显示和白光照明领域具有广阔发展潜力。广东是电子信息产业大省，国内龙头企业集中在广东，平板显示占有重要位置，在液晶面板材料与技术形成了区位优势。

近年平板显示产业更是发展迅速，OLED 作为新一代显示技术得到快速发展，广东在 OLED 领域的研发和产业方面都具有一定的基础和实力，全产业链优势明显。华南理工大学、中山大学、广州化学所、东莞彩显、创维集团、TCL 集团、汕尾信利半导体、佛山阿格蕾雅等单位在 OLED 发光关键材料及器件等领域取得了产业技术成果。广东地区已有、在建或筹建的 OLED 生产线项目有五条，分别是佛山中显科技的“低温多晶硅 TFT 的 AMOLED 生产线项目”，小尺寸 OLED 生产线（2003 年 6 月投产），汕尾信利、东莞宏威的“OLED 显示屏示范生产线”项目、彩虹在佛山建设的 OLED 生产线项目。另外，广州新视界光电科技有限公司研发新型金属氧化物材料体系 TFT 的 AMOLED 技术和生产相关产品，已经在国内率先实现了 5 英寸以上全彩色和透明 AMOLED 显示，突破了关键生产技术，成为国内金属氧化物 AMOLED 技术的领跑者。上述项目的顺利实施，有望将广东建成全球 OLED 面板生产的又一个制造基地。同时，目前，由华南理工大学材料学院承担的“全彩色高分子发光显示屏技术研究”项目进入了中试阶段，广东采用自主研发的大尺寸 OLED 显示技术将为期不远。

广东已有多家企业涉猎上游 OLED 材料生产。其中，东莞彩显有机

发光科技有限公司对 OLED 关键有机材料已开展了合成研究，深圳南玻集团开展了 OLED 专用 ITO 导电材料与器件研发以及 ITO 导电玻璃制造领域的研发，同时还有韶关西格玛研发 ITO 大尺寸靶材，佛山阿格蕾雅公司研发发光材料等。

在 OLED 制造设备方面，东莞宏威科技自主研发 OLED 等光电自动化生产设备，并已攻克了 OLED 的核心技术设备——真空镀膜设备；而肇庆中导光电展开了 OLED 大玻璃片高速、高精度对位设备研制与产业化进程。

广东省在 ITO 玻璃生产方面有较好的基础，大型的 ITO 玻璃生产厂家有深圳南玻显示器件科技有限公司、深圳莱宝高科技股份有限公司、豪威科技（集团）有限公司、广东金刚玻璃科技股份有限公司等。这些公司正在研制用于大面积 OLED 的专用 ITO 玻璃。

在掩膜板上，深圳清溢光电股份有限公司、深圳美精微光电股份有限公司、深圳路维电子有限公司等公司已供应用于液晶显示器（LCD）、有机电致发光显示器（OLED）等平板显示（FPD）的各种铬板型掩膜板及其他配套材料。

驱动 IC 方面，天利半导体（深圳）有限公司设计、开发、销售平板显示屏的驱动晶片，其业务涵盖积体电路设计的全部流程，包括 IC 设计、工艺开发、IC 封装技术、IC 测试、产品应用开发、产品验证、特性化测试及失效分析。产品可应用于 MSTN、CSTN、TFT、OLED、TCON 屏幕显示。

广东省的新型平板显示主要项目如下①：

（1）广州 LGD8.5 代 TFT－LCD 面板项目：年产 1 400 万件液晶电视模组（32～55 英寸），总投资 280 亿元。

（2）佛山南海奇美光电液晶电视显示模组项目：年产 1 280 万件液晶电视模组（26～65 英寸），总投资 42.1 亿元。

① 广东 OLED 产业争先领跑. http://www.gd-info.gov.cn/shtml/guangdong/jrgd/jj/2011/11/09/53664.shtml.

（3）佛山彩虹4.5代AMOLED生产线建设项目：1条4.5代AMOLED生产线，总投资49.6亿元。

（4）佛山低温多晶硅TFT AMOLED显示屏产业化项目：多条生产线，年产5 000万块2～15寸全彩AMOLED显示屏，总投资4.5亿元。

（5）深圳华星光电第8.5代薄膜晶体管液晶显示器件项目：年产1 400万件液晶电视模组（26～55英寸），总投资245亿元。

表2－1列举了广东省平板显示产业分布情况。

表2－1　广东省平板显示产业分布

产　品	企　业	所在地
液晶电视	广州数码乐华科技有限公司	广州
	东门子国际	广州
	深圳创维RGB电子有限公司	深圳
	康佳集团股份有限公司	深圳
	深圳市乐新精密工业有限公司	深圳
	东莞康佳电子有限公司	东莞
	广东海信多媒体有限公司	佛山
TFT－LCD液晶显示器（中小尺寸）	天马微电子股份有限公司	深圳
	信利半导体	汕尾
TFT－LCD模组	南海奇美电子	佛山
	乐金（LGD）	广州
	TCL显示科技（惠州）有限公司	惠州
TFT面板	深超光电有限公司	深圳
	华星光电	深圳
	信利半导体	汕尾
ITO玻璃	深圳南玻显示器件科技有限公司	深圳
	深圳莱宝高科技股份有限公司	深圳
	豪威科技（集团）有限公司	深圳
	广东金刚玻璃科技股份有限公司	汕头
彩色滤光片	深圳莱宝高科技股份有限公司	深圳
	深圳南玻显示器件科技有限公司	深圳
ITO靶材	广东凯盛光电技术装备有限公司	佛山

续表 2-1

产　品	企　业	所在地
掩膜版	深圳清溢光电股份有限公司	深圳
	深圳市路维电子有限公司	深圳
	深圳市美精微光电股份有限公司	深圳
偏光片	佛山市伟达光电材料有限公司	佛山
	深圳市深纺乐凯光电子材料有限公司	深圳
驱动 IC	天利半导体（深圳）有限公司	深圳
	深圳新南亚显示技术有限公司	深圳
制造和检测设备	中导光电设备有限公司	肇庆
	佛山凯蒂亚自动化设备有限公司	佛山
OLED 关键材料（研发）	华南理工大学	广州
	中山大学	广州
	东莞彩显	东莞
OLED 显示屏	信利半导体	汕尾
	东莞彩显	东莞
	彩虹（佛山）平板显示有限公司	佛山
	华南理工大学（研发）	广州
AMOLED 屏	广东中显科技有限公司	佛山
	茂勤光电公司	惠州
	广州新视界光电科技有限公司	广州
OLED 设备	东莞宏威	东莞

数据来源：课题组整理。

二、广东 OLED 材料产业的 SWOT 分析

（一）优势

长期以来，广东的电子制造业在全国具有一定优势，特别是显示制造产业，年产量占全国 3/4 以上。因此，近年来广东省决心加大扶持力度支持平板发展，布局新兴平板显示技术。

当前，电子信息产业正朝着平板化、信息化、数字化方向发展，广东省在加快发展 TFT - LCD 液晶产业的同时，积极布局次世代显示产业，大力促进广东 OLED 产业发展。通过一系列的整合资源，出台政策鼓励

和投入资金支持，引导本地企业进入 OLED 领域，吸引国内外 OLED 厂商投资落户广东，目前广东已经基本完成了 OLED 产业的布局，形成了比较健全的 OLED 上下游产业链，完成产业集聚，使广东在 OLED 产业领域领先一步，走在全国前列。

产学研合作方面，广东正积极打造 OLED 显示屏产学研合作平台。2007 年 9 月，广东省组织东莞彩显、中山大学、东莞宏威数码和华南理工大学等单位建立广东有机发光显示产业技术研究院，希望通过整合高校与企业资源，开展 OLED 关键材料、设备技术项目攻关；2012 年，华南理工大学牵头筹建“有机发光协同创新中心”；同时以中华液晶网为代表的产业资讯平台及产业研究中心也积极开展 OLED 技术及新平板显示技术跟踪研究。通过产学研各方资源的整合，广东 OLED 产业得到长足的发展，必将推动广东省的电子信息产业结果优化升级，确立广东省在下一代显示器产业发展中的优势地位①。

较为完整的 TN/STN LCD 产业链现已在广东基本形成，上中下游产品基本都已实现本土化。但在平板显示产业中，OLED 上游关键原材料，如发光材料、ITO 玻璃、封装材料、驱动 IC 等的供应能力不足。目前各大上游材料、零组件厂家正在积极进行产品升级，以满足 OLED 面板生产的需要。

（二）劣势

总体而言，与国际先进 OLED 技术和产业比较，广东还存在较大的差距，主要表现在以下几个方面。

1．材料技术水平相对落后

尽管广东省重视 OLED 产业发展，对 OLED 材料和技术给予了较大力度的支持，但是对于关键技术研发的持续支持不足，导致不能满足 OLED 产业快速发展的需求。广东省 OLED 基础研究具有一定影响力，但是新材料的应用与开发力量不足，距离满足真正的产业需求还很不足。

① 广东 OLED 产业发展迅猛领跑全国．http：//www.oledw.com/oled-news/200906/1478.shtml.

2. 关键材料还不能完全配套，大部分基本依赖进口

有机发光材料是OLED的核心材料，相对于国外有机光电发光材料的发展，广东省的开发速度和技术实力则显得较为逊色。总体而言，材料的寿命及发光效率等技术指标与国外领先水平仍有较大的距离；导电玻璃、封装盒、蒸镀掩模板等重要基础材料国内有多家公司在研发，但还没有完全达到规模生产要求；驱动IC虽然进行了开发，但尚未实现产品化；封装盒、封接胶等关键配套材料国内还处于无单位研发阶段，距实用还有较大差距。

（三）机遇

OLED器件作为下一代显示和照明器件，具有广阔的应用前景，2011年OLED照明市场规模快速增长至17.1亿美元，2020年将有望上升至140亿美元。OLED照明和显示应用的扩张，也给各相关材料供应企业提供了发展空间，更多大中尺寸OLED面板的问世将快速推动OLED产业的发展。

我国十分重视OLED基础研究工作，科技部、教育部、基金委等政府部门持续投入，在OLED关键发光材料方面给予重点支持。我国内地的研发单位和企业在有机发光材料研制方面投入了大量的人力、物力和财力，取得了很好的研究成果。到目前为止，已经有30多家高校和研究所从事OLED新材料的研发工作，其中包括吉林大学、清华大学、中国科学院、华南理工大学、北京大学等，取得了突出成绩，许多重要研究成果已在国际重要刊物上发表。研发的部分发光材料、电子注入材料、空穴及电子传输材料、界面材料有的达到了国际先进水平，在新材料结构设计与合成方法等方面取得了一批具有自主知识产权的成果，极大地推动了我国OLED基础研究和应用技术的发展。

在《珠江三角洲地区改革发展规划纲要（2008—2020年）》中，广东就明确提出“要大力发展高技术产业，坚持全面提升与重点突破相结合，突出自主创新和产业集聚，培育壮大新兴产业，建成全球重要的高

技术产业带”。电子信息领域重点发展的新型平板显示领域包含了OLED技术的产业化发展。

（四）挑战

据统计，广东省在2010年1—9月份手机面板出货量达33 390万台，对OLED产品有着巨大的需求。但是，由于欠缺作为OLED技术核心部分的上游OLED材料企业及技术支持团队，OLED的核心材料技术牢牢地抓在日、韩、美、德等OLED材料生产商手中，严重削弱了广东省OLED面板价格的竞争力。此外，OLED用TFT基板技术也比较欠缺，尚没有产线生产OLED的TFT基板。

PMOLED在我国虽然依靠自有技术实现了产业化，但规模化、高质量、低成本生产技术还需要进一步开发。此外，PMOLED市场竞争激烈，应用具有较大局限性，因此，未来产业发展趋缓。

AMOLED已经成为国际OLED发展的主流，我国在AMOLED技术开发和产业化方面与国外差距较大，特别在TFT基板生产方面尚属空白。随着三星公司AMOLED智能手机产品的推出，国内产业界掀起了建设新一轮高世代AMOLED生产线的热潮，许多厂家筹划或者已经宣布建设4.5或5.5代AMOLED生产线，如京东方、昆山唯信诺、彩虹（佛山）、上海天马等，国内AMOLED产业步伐开始加速。

第二节　广东生物医用材料产业现状分析

一、广东生物医用材料产业现状

广东现代生物医用材料及其产业于20世纪80年代中期开始起步发展。与国内科技发达地区相比，广东省虽起步较晚，但发展迅速，促进了传统产业的进一步发展，不断提高传统产业产品的技术含量。目前广东省生物医用材料产业的主导性行业之一是医药行业。据初步统计，约100家企业在广东省从事生物医用材料、生物医学工程产品和生物工程制药的生产制作，2007年医药高新技术产品产值达58亿元，约占医药工业总产值的30%。但广东生物医用材料企业的规模普遍较小，缺少高技术企业，年销售收入超亿元的企业很少，全国驰名的产品更少。企业在自主研究上投入较少，不重视原始创新，缺乏核心技术，缺少系统的专利开发，大多数还处于跟踪研究阶段，研究与开发体系尚未形成①。

经过十多年的努力，特别是近几年的高速发展，广东生物医用材料产业取得了长足进步。生物医用材料产业随着产业化的水平与规模的迅速提高，在广东高新技术产业中所占的比重日益上升。从1996到2000年，广东生物医用材料产品产值以平均40%的速度增长，2000年广东省生物医用材料产业产品产值达104.78亿元，是1996年的317倍，与北京、上海两地不相上下。广东省的生物医用材料发展水平，总体上紧随长江三角洲与北京之后，属全国先进。现阶段广东省部分生物医用材料研发达到全国一流水平。据统计数据显示，目前广东省的生物医用材料产业发展已初具规模：一批生物医用材料产业领域的中小型科技企业在创业板上市，2010年广东生物医用材料产业产值达1 000亿元。部分项目已达

① 国家发展和改革委员会高技术产业司，中国生物工程学会．中国生物技术产业发展报告（2003）［M］．北京：化学工业出版社，2003，1：245 － 248.

到国际先进水平，研究内容、设备和技术含量都与国际基本同步，已初步形成一批生物医用材料龙头企业集团。在产品市场方面，广东省的生物医用材料产品丰富，市场容量大，经济环境好，消费能力强，消费者比较容易接受新产品。

现阶段广东主要生物医用生产企业如表 2－2 所示。

表 2－2　广东主要生物医用生产企业

名　称	主营产品	区域
中山大学达安基因股份有限公司	荧光定量 pcr 试剂盒	广州
广东天普生化医药股份有限公司	天普洛安	
广东省大日生物化学药业有限公司	生化药品制造	
广州万孚生物技术有限公司	ENA140T1 试剂盒	
广州倍绣生物技术有限公司	加工制造医用生物蛋白胶，纤维蛋白胶类产品和凝血酶	
广州裕立宝生物技术有限责任公司	添加剂	
广州市华南农大生物药品有限公司	生物药品	
广州中大医疗器械有限公司	神经修复材料、人工骨	
艾派（广州）医疗器械有限公司	骨科手术器械，外科手术耗材	
广州市弘健生物医用制品科技有限公司	聚乳酸防粘连膜	
广州康盛生物科技有限公司	血液净化技术与产品	
广东冠昊生物科技股份有限公司	再生医学材料	
广州创尔生物技术有限公司	胶原贴敷料、胶原蛋白海绵	
广州迈普再生医学科技有限公司	睿膜	
广州市宜健医学技术发展有限公司	医用材料、外科植入物	
广州聚生医疗科技有限公司	聚醚醚酮（PEEK）系列材料	
广州科莱瑞迪医疗器材有限公司	低温热塑产品	
深圳新鹏生物工程有限公司	瑞通新	深圳
深圳市海王英特龙生物技术股份有限公司	干扰素（药品）	
深圳市卫武光明生物制品有限公司	人血白蛋白	
深圳市中核海得威生物科技有限公司	尿素 14C 呼气试验药盒	
深圳市海普瑞药业有限公司	生产肝素钠	
深圳市华生元基因工程发展有限公司	金因肽	
深圳康泰生物制品股份有限公司	基因乙肝疫苗	
深圳科兴生物工程股份有限公司	干扰素	

续表 2-2

名　称	主营产品	区域
深圳市赛百诺基因技术有限公司	生物制药	深圳
深圳赛诺菲巴斯德生物制品有限公司	疫苗	
深圳赛保尔生物药业有限公司	生物药品制造	
深圳市达科为生物技术有限公司	试剂盒	
深圳市菲鹏科技有限公司	生物活性蛋白质	
深圳劲创生物技术有限公司	生产销售植物提取物	
深圳市沃尔德外科医疗器械技术有限公司	生物桥系列产品	
深圳市赛维生物技术有限公司	牙科器械和材料	
深圳市阳光之路生物材料科技有限公司	甲壳素类生物材料、人造皮肤	
深圳市骏晨生物技术有限公司	医疗检测试剂、生物制品	
深圳市绿保生物科技有限公司	医用生物材料	
深圳市沃尔德外科医疗器械技术有限公司	生物桥系列产品	
珠海亿胜生物制药有限公司	贝复济	珠海
珠海经济特区生物化学制药厂	药品生产销售	
天年生物（中国）有限公司	生物制品	
珠海健帆生物科技有限公司	生物材料	
安信纳米生物科技（珠海）有限公司	纳米材料	
珠海华艾生物科技有限公司	生物细胞制片	
珠海赛乐奇生物技术有限公司	生物传感器基因芯片	
珠海市银科医学工程有限公司	微生物试剂、生物制品中间体	
珠海丽珠医用生物材料有限公司	生物材料	
珠海贝索生物技术有限公司	生物学染色液	
中山生物工程有限公司	体外诊断试剂	中山
中山市中健生物谷有限公司	健康材料	
中山海济医药生物工程有限公司	生物制品	
中山市尤利卡天然药物有限公司	生物药品	
中山百灵生物技术有限公司	植物提取物	
湛江博康海洋生物有限公司	生物制品	湛江
三九集团湛江开发区双林药业有限公司	生物、生化制品的制造	
湛江安度斯生物有限公司	试剂	
东莞市英芝堂生物工程有限公司	紫芝菌丝粉	东莞
广东卫伦生物制药有限公司	白蛋白	汕头

资料来源：课题组整理。

二、广东生物医用材料产业的 SWOT 分析

（一）优势

1. 完善的市场机制的建立

作为国家改革开放的试点之一，广东省一直具有积极探索、勇于开拓的精神。由于历史原因，国有大企业在广东的数量不多，计划经济的成分相对较弱，市场机制更容易得到推行并发挥主导作用。相比国内其他地区，广东省拥有建立早、运作好的市场机制，在广东生物医用材料综合水平远远低于全国其他科技发达地区的情况下，广东生物医用材料产业用了不到 10 年的时间，经历了从无到有、从小到大的过程，重要的原因之一就是发挥了市场机制重要的发展导向、项目选择、资源配置的作用。

2. 新的技术创新模式的创立

广东省建立了以企业为主体的现代化技术创新体系，在企业建立工程技术研究开发中心；通过加强产业技术研究开发，形成以企业为主体的产业技术研究开发体系；鼓励省重点企业和高新技术企业，积极建立自己的技术研究开发机构。

3. 加强政府引导，加大高新技术产业化力度

生物医用材料产业是一个特别需要大量资金投入的产业，尤其是在启动阶段。广东省一方面加大对生物医用材料产业的投入，鼓励高等院校、研究院所、企业积极争取国家研发经费；另一方面，先后建立了火炬引导资金、科技信贷资金、科技发展基金等，形成以政府投入为引导，以银行贷款和代为自筹为主体，多元化、多渠道筹集资金发展生物医用材料产业等高新技术产业的投入机制①。

4. 制度创新，调动了多方的社会力量

广东省充分调动多方面的资源和积极性，加快发展生物医用材料产业。采取多种所有制并存的方式，积极鼓励各种经济成分的企业参与生

① 刘恒江，陈继祥. 基于动力机制的我国产业集群发展研究［J］. 经济地理，2005.

物医用材料产品的研发、生产、发展，加快了广东生物医用材料产业的发展。

（二）劣势

1. 科技基础相对薄弱，人力资本基础相对缺乏

总体来说，广东省生物医用材料产业与国内、外先进地区相差较远，创新队伍不强，缺少领军人物。赵友春等的调查问卷①显示，31.43%的被调查者认为广东省生物医用材料专业技术人员严重短缺、62.86%的被调查者认为稍欠缺，且77.14%的被调查者认为生物医用材料产业的进一步发展会严重地受现有的生物医用材料专业人才配备情况的影响。

2. 产业规模小，产业结构雷同

从企业发展情况来看，广东的生物医用材料企业多是以生产单一品种为主的企业甚至企业集团，企业规模小，单个企业所占的市场份额仍达不到区域市场的经济规模，抵御市场风险能力低，与国外大企业相比差距巨大。从产品差异性角度来看，技术水平和产品结构上较为单一，缺乏技术和市场的垄断性。

3. 缺乏自主创新产品，知识产权意识淡薄

由于创新能力不够，出现了多家公司研制生产同一种产品的不正常竞争现象，使得我省生物医用材料产品的技术水平总体偏低，不但与工业发达国家或新兴工业国家（或地区）相比有很大的差距，即使与我国北京、上海等省市相比也有不小差距。

（三）机遇

近年来，广东各级政府正逐步加大对生物医用材料产业的支持力度，且逐步加强对外合作和引进，政府的支持已延伸到生物医用材料产业开发领域和产业链。并且，将拥有自主知识产权和核心技术的项目给予重点引导和支持，发展20～30家重点龙头企业，创立一批品牌产品，鼓励建立重点生物医用材料产业国家重点工程技术研究中心及国家产业基地。

① 赵友春，张长铠. 生物技术及产业发展趋势［J］. 现代化工，2003，23（4）.

1. 产业化环境良好

广州毗邻港澳，经济发达，生物资源丰富，拥有发展新型生物医用材料产业得天独厚的条件。广东省委、省政府同样对生物医用材料产业的发展给予了高度的重视。广东省先后实施了省科技攻关计划、省自然科学基金等多项科技计划，大力扶持广东高新技术的发展，其中生物医用材料是重中之重。

2. 市场经济体制健全，经济发达，社会资本强盛

2011 年广东全省生产总值达 53 210 亿元人民币，比上年增长 10%；2011 年广州人均 GDP 达 10 万元，达到中等发达国家和地区水平，与国内其他地区相比，广东拥有相对健全的市场经济体制。此外，广东还有庞大的社会民间资本在寻找投资机会。如果政府引导得当，政策优惠，产业结构调整合理，将会有大量社会基金投入到生物医用材料产业。

（四）挑战

我国拥有 13 亿人口，对生物医用材料的需求巨大。近 10 年来，在国家政策和经费的大力持续支持下，我国在生物医用材料研发方面取得了长足的进步。但是，目前我国生物医用材料的生产企业大都是中小型企业，生物医用材料的高技术产品研发基本依赖国家的投入，抵抗市场风险能力小，而且企业缺少后续资金以投入新产品的研发；此外，生物医用材料涉及材料学、临床医学和生物学等各学科，因此，生物医用材料领域应注重培养复合人才，多学科交叉合作，加大力度研发新产品，进而大力发展生物医用材料及其产品的产业化。

广东在生物医用材料产业化过程中欠缺与国外大型生物企业的技术合作，不够重视引导外资投向研究开发，同北京、上海相比，广东落后很大。广东引进的外资虽然超过 1 000 亿美元，但外企在广东建立的研究与开发机构却寥寥无几。广东在地理环境、人力资源以及招商引资政策等方面不具备优势。

目前广东省几乎没有生物医用材料发展所需要的支撑产业和服务业，不管是研究所需的尖端仪器设备和试剂，还是生产所必需的仪器设备，都需要进口。这种状况大大地限制了广东省生物医用材料产业的发展。

第三节　广东新型高分子材料产业现状分析

一、广东新型高分子材料产业现状

据不完全统计，2011年广东无纺布总生产能力约为84.7万吨，实际产量约为63.2万吨。其中，纺熔法、针刺法、化学粘合法无纺布材料及其制品均有明显增长，占广东无纺布行业主导地位，尤其是纺粘法无纺布，总产量仅次于浙江省，位列全国第二位。广东省无纺布行业已初步形成以骨干企业带动下的佛山、江门、东莞、从化地区的产业集群，并继续对发展市场起着拉动作用，在土木工程材料、医疗防护用品、功能型建筑材料、汽车内饰材料、卫生材料、洁净材料、过滤材料、家具材料、农用产品、电器绝缘及隔层材料等细分市场和应用领域形成比较大的优势。

广东省产业用纺织品生产概况如表2－3所示。

表2－3　广东省产业用纺织品（非织造布）生产概况

主要领域	产能/t	主要应用范围
土木工程材料	60 000	土工布、土工格栅及其复合材料等
医疗用品	80 000	手术衣、帽、口罩、床单、手术巾、消毒隔离服及劳动保护服、皮膏、包扎布、绷带、伤口软垫、纱布垫、软垫绷带、美容面膜、湿巾
建筑装饰材料	20 000	建筑屋顶材料、建筑外墙包覆材料、建筑排水管道等
汽车内饰材料	30 000	座套、遮阳板、车门软衬垫、车门外罩、车顶衬垫和覆盖材料，绝热、隔音材料，安全带支座和卷起装置的加固材料，轿车后部行李包的衬垫和覆盖材料，汽化器、电池隔板、簇绒地毯的底布、沙发软垫材料等

续表 2－3

主要领域	产能/t	主要应用范围
清洁卫生用品	10 000	家庭、厨房用擦拭布、清洁毡等、工业用擦拭布等
卫生用品	30 000	尿片、卫生巾、成人失禁尿垫、卫生棉、化妆棉等
过滤材料	20 000	烟气过滤材料、空调过滤材料、燃油机过滤材料等
家具材料	50 000	地毯及铺地材料、地毯基布、墙纸、家具包布、覆面装饰布、家具底布、沙发垫、填充料、窗帘、帷幕、台布、家具罩套
农用产品	20 000	棚膜、地膜、水果袋等
电器绝缘及隔层材料	500	电池隔膜、高压电隔膜材料等
其他	30 000	服装衬里、鞋材衬里、保暖絮片、服装标签

资料来源：广东无纺布协会 2010 年工作报告。

广东有着毗邻港澳的天然地理环境。省内制衣、制鞋、汽车、家具、皮革、卫材等工业发达，是中国无纺布产品应用和销售的重要市场之一。广东无纺布企业以外向型为主，产品 60% 以上出口至世界各地，其中半数以上通过香港转口。同时广东省也是中国进口无纺布材料最多的省份，这些进口材料大部分经过深加工后再出口。广东省成为无纺布产品重要的加工基地的同时，一直保持无纺布进、出口量及贸易额位于全国领先地位。

随着社会分工越来越细以及市场竞争的加剧，不仅要求每个市场的参与者要有很高的专业化程度，而且还要具有迅速接收、消化信息和及时做出反应的能力。广东无纺布发展的 30 年间，在市场的引导下已初步形成了具有广东特色的产业集群结构，主要包括：

（1）从化地区的无纺布制品加工以及产业用复合材料生产基地，主要用于包装材料、建筑材料领域；

（2）以新会为中心的江门地区针刺材料和用于产业用布的高性能、差别化纤维，主要用于土工材料、汽车内饰材料、家庭擦拭布材料和工业输送网带等；

（3）以珠海、中山为中心的纺粘及其复合非织造材料以及针刺材料，主要用于过滤、土工、农业用布和建筑装饰材料；

（4）以东莞为中心的功能性复合无纺布制品和用于产业用布的高性能、差别化纤维；

（5）以佛山市南海区为中心的高档医用防护材料、包装材料；

（6）肇庆还有俊富高性能针刺毡用于土工合成材料，正争取形成产业集群。

而对于功能化、高性能碳纤维而言，广东碳纤维的生产主要以金发科技为代表。2011 年 9 月 28 日，金发科技发布公告，投资不超过 3 亿元人民币用于公司兴建“年产 2 000 吨碳纤维及 10 000 吨碳纤维复合材料产业化项目”，预计到 2015 年，可望形成年产 2 000 吨碳纤维及 10 000 吨碳纤维复合材料产能。差别化、功能化锦纶长丝以新会美达锦纶股份有限公司为代表。芳纶纤维以新会彩艳为代表，芳纶 1313 为 100 吨/年。超高分子量聚乙烯纤维以广东信达化纤为主，已经投入建设年产 5 000 吨高强高模聚乙烯纤维项目，一旦全面投产后，届时公司将成为中国最大高强高模聚乙烯纤维生产企业，产量居亚洲第一位，世界第二位。复合纺丝功能纤维以深圳中晟科技有限公司为代表。功能短纤维以新会粤新化纤为代表。差别化涤纶长丝以开平春晖集团为代表，涤棉复合超细纤维产业化以河源新东江化纤为代表。

广东省塑料工业发展速度惊人：2005 年广东省塑料制品总产量 551 万吨，总产值 1 220 亿元，规模以上企业 2 060 个，出口交货值 500 亿元（人民币）。2010 年，广东省塑料制品总产量 1 331 万吨，为 5 年前的 2.42 倍，其间 2009 年成为全国首个塑料制品产量超千万吨的省份，5 年年均增长 28%；2010 年总产值 3 341 亿元，为 5 年前的 2.7 倍，5 年年均增长 35%。规模以上企业 4 409 家，约为 5 年前的 2.2 倍，从业人数 90 万人。销售产值中出口交货值 978 亿元，为 5 年前的 2 倍，占全国比重的 45%，塑料制品出口额 142 亿美元，占全国比重的 31.8%。广东省塑料制品产量占全国比重稳定在 23%～24% 之间，规模企业占全国 23%，出口交货值占全国比重的40%。改革开放之初的1978年，广东省塑料制品产量仅6.2万吨，至2010年产量规模增加达210倍，广东省塑料制品产量规模已超日本及欧洲发达国家，几乎相当于浙江、江苏两省产量总和，是我国塑料工业大省强省①。

广东是我国橡胶工业的发源地，也是我国传统橡胶工业较发达的地区之一，其中广州地区是我省橡胶工业的中心，有多家在国内外有影响的国营或国家控股橡胶企业。

改革开放以来，广州地区国有和原集体所有制的橡胶企业发生了显著的变化，多家工艺设备落后无竞争优势的鞋厂、再生胶厂、翻胎厂、橡胶球厂等被关停并转。近年来广州橡胶企业集团注重加快体制改革的步伐，注意用高新技术和先进实用技术改造传统产品，促进集团企业结构和产品结构调整，取得了明显成效。广州橡胶企业集团有限公司是由广州市橡胶工业总公司整体改制而成的经济实体和经济联合体。橡胶集团拥有全资、控股、参股工业生产企业20多家，资产总额近50亿元；是华南地区最大的橡胶产品生产经营基地。广州华南橡胶轮胎有限公司建立于1988年，开始引进美国费尔斯通全套技术和装备生产子午线轮胎，2011年生产轮胎1127.7万条，实现销售收入39.9亿元。产品大部分出口，销售到80多个国家和地区，获得好评。该公司生产的全钢子午线轮胎被评为国家级名牌产品。该公司被评为“中国轮胎十大民族品牌”之一，是国内经济效益最好和出口额最多的轮胎企业。

与此同时，广东省的橡胶三资企业蓬勃发展，呈现一派兴旺景象。深圳、东莞、番禺等地有许多规模较大的橡胶外资企业，生产轮胎、胶带、胶鞋、混炼胶、玩具等；合资企业如广州珠江轮胎公司是一家具有较大规模的斜交胎生产企业；民营橡胶企业也获得了飞速发展，涌现了一批有发展前景的中小型企业，如广州世达集团公司（包括广州市世达密封实业有限公司、广州奥力斯油封有限公司、上海世达密封件有限公

---

① 符岸. 盘点“十一五”铸就塑料工业大国强省基础［J］. 塑料制造，2011，3.

司等）已发展成为具有一定规模的研发、生产、销售橡塑密封件和工业橡胶制品的专业公司。广州刘氏硅橡胶制品有限公司是一家生产硅橡胶辊等高新技术产品的民营企业。粤东地区的广东巨轮模具股份有限公司已发展成为在国内具有影响的企业和上市公司。

广东发达的塑料制品加工工业及长期稳定的原料消费需求，带动了相关产业的发展，广东是排名全国省份前列的塑料机械制造大省，目前占全国产量的20%，与浙江、天津一样是我国塑料机械（特别是注塑、吹膜、压延设备）主要产区。塑料原料流通产业更是发展迅速，广东珠三角地区的佛山、东莞、深圳、珠海、广州建成多个大规模塑料现货市场：顺德乐从德富塑料市场、东莞樟木头塑料市场、深圳华南城塑料化工市场、东莞黄江华南塑胶城、东莞常平大京九塑料市场、珠海远康工程科技塑料城、南海厦西橡塑城、广州鹤泰塑料市场等，塑料原料现货市场经营面积超300万m^2，年交易量超1 000万吨，成为塑料原料流通主要渠道之一。

二、广东新型高分子材料产业的SWOT分析

（一）优势

1. 产业区域发展布局完成

广东塑料制造业总规模的75%以上都聚集在珠江三角洲区域。近年，产业发展成本越来越高，广东省实施产业双转移政策以及有意识引导部分企业及产品向珠三角以外的区域转移。“十一五”期间，珠三角以外地区塑料产业得到很好发展，占全省塑料比重有所增加，如粤东地区高档塑料家居产品、塑料包装材料、塑料玩具等发展很快，甚至已成为广东的主产区。肇庆地区借广佛肇区域经济优势，塑料产业也发展很快，如塑料循环利用等方面，已有一些企业逐步成为示范性企业；潮汕地区加快传统塑料制品转移升级，将成为“十二五”广东传统塑料制品主要增长点；惠州地区借助传统电子产业及石化产业优势，塑料产业也得到很

好的发展。

2．产业集群、品牌创建推动行业发展

“十一五”期间，广东塑料产业逐步形成多个特色产业区域，产业聚集为塑料产业发展及区域经济发展做出了贡献。几年中，中国塑料加工工业协会、中国轻工业联合会授予广东塑料行业特色区域称号或产业基地称号的有：佛山高明区被授予“中国合成革产业基地”、顺德区乐从镇被授予“中国塑料商贸之都”、佛山南海狮山镇被授予“中国塑料中空包装产业基地”、佛山顺德区龙江镇被授予“中国塑料建材产业之都”、东莞樟木头镇被授予“中国塑料商贸重镇”、广东联塑集团被授予“中国塑料管材技术研发中心”、广东仕诚公司被授予“中国高端宽幅流延膜装备加工技术基地”、湛江吴川市被授予“中国塑料鞋之乡”、汕头卜高通美公司被授予“中国塑胶循环利用示范基地”。广东塑料产业的特点之一是产业集群，特色产业区域形成，以及重点企业专业研发机构的建设和示范模式的推广，对广东塑料产业整体提升发展发挥了重要作用。此外，几年来，广东有 12 家企业、13 个产品获得塑料制品类“中国名牌”产品称号，占全国塑料制品“中国名牌”产品总数的 21.3%，居全国省份首位，相关行业的 1 个企业、1 个产品获合成树脂类“中国名牌”产品称号，2 个企业、2 个产品获塑料机械类“中国名牌”产品称号，还有一大批企业在塑料管材、塑料薄膜、密氨塑料制品、硬质塑料容器、交联聚乙烯塑料电缆、线槽等塑料制品种类获得“广东省名牌”产品称号，足以看出广东塑料制品正向优质、高端水平发展。“十一五”期间，随着广东塑料产业集聚和产品品牌创建，产业结构的转变和产品结构的升级得到了大力推动。

3．具有较强的研发能力

华南理工大学聚合物新型装备国家工程研究中心科研团队的“塑料无螺杆塑化挤出技术与装备”项目，引入“拉伸流变”原理，改变了传统“剪切形变”原理，在我国塑料机械技术进步中取得杰出成果，是高分子材料成型加工领域的重大创新；广东海兴公司则在传统日用塑料制品中靠自主创新占领市场，率先在传统日用塑料制造中转型升级，其高档塑料家居用品生产，无论在规模、花色、使用功能上都具国内领先水平；广东联塑集团在塑料管道的研发制造，广东仕诚、佛山塑料集团开发薄膜在电子信息领域应用，广东金明公司的多层共挤设备研发制造、塑料宽幅压延设备等，都具有技术创新和适应新的应用领域的意义；汕头卜高通美公司则在塑料循环利用方面高水平建设基地，技术先进，设备先进，产品产业链完整，环保设施完善，为我国塑料循环利用产业树立了标杆，被中国塑协认定为“中国塑料循环利用示范基地”；广东华盛公司在传统的塑料包装容器、塑料杯制造业中走出自主创新路子，其产品几乎占肯德基等著名商家塑料容器用量国内市场的一半。

（二）劣势

广东新型高分子材料产业品牌缺失、标准缺失和生产企业在系统工程的整个产业链中，处在中间阶段，使得企业对后道加工、最终产品的使用、对相应的法规和标准并不熟悉。需要向前延伸、做出改进，向后延伸、做好服务，这样才会有稳定的市场空间和稳定的生产系统。

自21世纪初由于主观和客观的原因，珠三角地区高分子材料生产企业的发展逐渐放缓，所涉及的产品除几个大型企业外，企业的规模一般较小，以中小企业为主，以劳动密集型为主，自动化、连续化程度较低。企业人才缺乏，大多数企业技术力量薄弱，科技投入少，许多企业拿不出经费用于科技开发，因此，企业的自主创新能力薄弱，与高校、科研院所开展实质性的产学研结合的研究开发很少。由于政策和资金支持方面都缺乏支持，使大部分企业在新技术的引进以及新材料、新产品开发方面与江浙、山东、福建地区强劲发展势头相比，越来越处于劣势。

广东产业用纺织品加工企业由于先天产业链的缺失，对生产要素环境依赖严重，受到来自国内和国外两个市场的冲击，竞争力有所削弱。产业集群基本上是以地域而形成，但尚未构成一个统一的规范管理和协调模式。专业技术人才储备不足，致使无纺布专用材料开发能力薄弱，高技术含量产品少。

橡胶工业的规模、产量和销售额不仅远比不上世界大型跨国公司，也比不上国内橡胶工业发达的省市。据中国橡胶工业协会发布的资料，2011 年，中国橡胶制品行业企业销售收入前十企业中没有一家是广东企业。2011 年全国子午线轮胎总产量为3.98 亿条，而我省仅占6.8%左右。其他橡胶制品的品种和产量也与国外及其他先进省份有较大差距。总体来看，我省橡胶企业规模小，达不到经济规模，竞争力弱。

产品结构不合理，没有世界级名牌产品。广东省的万力牌子午线轮胎虽然出口量全国第一，远销80 多个国家，得到各国用户好评，但其质量、影响和售价远远比不上米其林、固德异、桥石等世界级名牌；广东省的汽车工业近年发展很快，但汽车用非轮胎橡胶制品的品种和产量很少，远不能满足我省汽车工业飞速发展的要求；广东省用于电子信息、生物医学等高新技术领域的橡胶制品在橡胶工业中的比重还很低。

（三）机遇

在广东省政府鼓励发展现代服务业政策引导下，广东的塑料电子商务、塑料期货迅速发展，分别在 2007 年和 2009 年在大连商品交易所上市的 LLDPE、PVC 两个期货品种，目前已有超过 30 家期货公司聚集在广东开展塑料期货业务。广东塑料交易所、易发塑料交易中心等开展塑料远期仓单电子交易业务，极大活跃和影响着广东乃至全国的塑料原料流通交易，并为企业提供了投资渠道和套期保值。德富指数、广塑指数作为塑料现货指数还分别成为广东省物价局认定并发布的 9 个价格指数之一，为广东塑料原料价格定价权的确立起到积极作用。

随着广东省塑料产业及其应用领域的不断扩展，各行业对塑料配套需求越来越多。近年来，不断加大技术创新力度的塑料行业，一直在推动传统塑料产业转移升级。“十二五”期间，塑料行业将在国家“十二五”规划的框架中，迎来新一轮发展。而国际金融危机引起的国际国内市场需求变化，塑料产业结构、产品结构的调整适应能力和优化转型升级持续发展的方式和力度，将在国家在“十二五”期间颁发的一系列节能减排、低碳经济政策中接受考验。

橡胶混炼、挤出、压延、硫化等加工过程消耗大量能量，橡胶行业是国民经济中消耗能源较大的行业之一。研究开发节能型橡胶加工设备及利用节能技术改造设备，提高设备使用性能，也是目前降低橡胶行业能耗的主要措施之一。近20年来，国内外十分重视新型纳米填料增强橡胶的研究，这类填料包括白炭黑、埃洛石纳米管、石墨烯等。它们不需要消耗石油资源，能取代或部分取代来自石油资源的炭黑。在适当的改性条件下，它们对橡胶的补强效果可达到或明显超越炭黑的水平，有时还能赋予橡胶新的性能。显然，这种新型纳米填料增强橡胶的研究，是现代橡胶工业的一种共性关键技术，具有显著的经济和社会效益。

除了轮胎以外，汽车工业、轨道交通和航运等领域还使用许多高分子制品。2011 年我国汽车产量达到 1 841 万辆，居世界首位。由于我省汽车工业和交通发达，开发汽车和交通用高分子制品具有很好的应用前景。

（四）挑战

广东省的纺织业曾经处于国内领先地位，产业用纺织品随着改革开放，城市建设、民生工程和创新产业的发展一直出现增长势态，其应用涵盖了产业用纺织品的各个方面。但是由于各方面原因，其部分行业同时出现了退步或者完全退出。

广东橡胶工业产品原材料消耗高，加上近年天然橡胶和合成橡胶、炭黑及许多助剂价格猛涨，导致成本增加，利润下降，如何在保证质量的前提下采用新型原材料，特别是廉价的天然原材料或再生原材料，改进配方，降低成本，成为近年许多橡胶企业研究开发工作的重要课题。同时橡胶加工过程中混炼、硫化等工序能源消耗高，如何节能也是一个需要解决的重大课题。橡胶工业是一个与环境保护密切相关的产业，不仅其生产过程存在环境污染问题，其产品在使用和废弃过程中也对环境有重大影响，橡胶工业和橡胶制品与环境的关系越来越引起人们的重视。

20世纪80年代中后期以来，广东制鞋工业借国际产业调整的契机，得到空前的发展。中国鞋占了全球产量的65%以上，广东省8 000多家鞋企年产鞋50亿双，占全国产量一半以上，约占世界产鞋量的1/3，广东一直是中国最大鞋类产品制造基地和贸易中心，每年有50多亿双外销，但近年来由于受到国际贸易壁垒的限制，出口销售受到一定的影响。

20世纪90年代中期以来，国外大型轮胎公司如米其林、固德异、大陆等从节能、减少环境污染、高速、安全、耐用等方面综合考虑，竞相研发各种高性能子午线轮胎，如“绿色”轮胎、节能轮胎、安全轮胎、高里程轮胎、智能轮胎等，成为当前子午线轮胎的研究开发热点。这类高性能轮胎的最大特点是同时具有低滚动阻力、高抗湿滑性以及高耐磨性、高寿命等优良综合性能。与普通子午胎比较，高性能轮胎的滚动阻力下降20%～35%，节油可达3%～5%，同时还能保持优良的湿抓着和安全性等综合性能[①]。

① 宋瑞英. 绿色轮胎技术开发方兴未艾. 世界橡胶工业，2012，39（3）：49－51.

第四节　广东先进金属材料产业现状分析

一、广东先进金属材料产业现状

（一）广东铝合金材料产业现状

广东省从1971年生产较大规格的铝板带开始，至今已走过40多年历程，其间创造了多项全国第一。1984年，国内第一家中外合资铝加工企业——深圳华益铝业公司建成投产；广东第一家生产铝轮毂的企业——中南铝合金轮毂厂于1990年建成投产；同年，风铝铝业有限公司研制出第一个在国际成功注册的中国铝合金牌号。长期以来，广东省的铝加工业在国内具有龙头地位，特别是具有绝对优势的铝建筑型材。广东省是中国铝型材制造、加工大省，同时也是消费大省。广东省的铝工业基本上代表了我国的铝加工业技术水平和发展状况，但工业铝材加工业技术与国外以及部分外省的先进水平相比尚有一定差距。目前，广东省的铝加工业是一个具有明显规模优势和品牌优势的产业，其产量超过300万吨/年，综合产值超过1 000亿元。据中国有色金属工业协会统计[①]，2006年，全国获得生产许可证的铝型材厂有560多家，广东省占有量接近40%；全国铝挤压材产量前10名的企业中广东省占了6家，广东省铝型材产量占全国50%左右，市场占有率超过全国的45%。全国拥有17家中国名牌的铝加工企业，广东省的企业有10家单位，其中铝型材厂9家，板带箔生产企业1家，广东省铝加工业在全国以至全世界都具有举足轻重的作用和影响力[②]。图2－1和图2－2为2010年全国与广东省铝材

① 中国铝工业的发展现状与前景. 中国铝业网，2008年. http：//www. alu. cn/aluNews/NewsDisplay_24429. html.

② 广东省铝工业路线制定组. 广东省铝工业技术路线图，2008.

产品结构对比①。可以看出，广东省的铝产品以铝挤压材为主导产品。

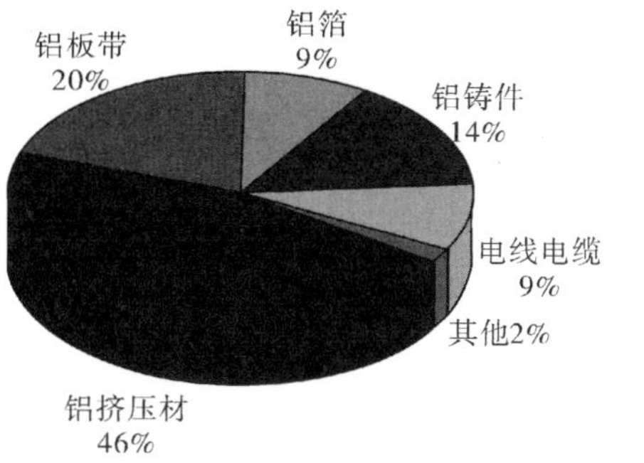

图 2－1　我国铝材产品结构(2010 年)

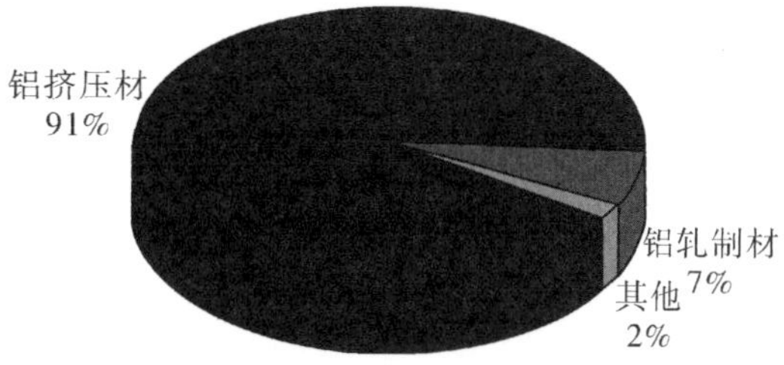

图 2－2　广东省铝材产品结构(2010 年)

铝铸件在现代工业中应用相当广泛，特别是在汽车及摩托车工业上，是推动机动车轻量化的重要途径。中国三大铝压铸业生产地区分别是广东、四川和上海，广东省铝合金压铸产业处于全国的领先地位，各类规模以上的压铸和铸造厂超过 600 家，与之相关的压铸机和其他主辅材料业也相当发达。广东铝压铸企业中具有代表性的有：南海文灿压铸有限公司和高要鸿图科技股份有限公司，他们是广东省最大的压铸企业；江门大长江集团是大型摩托车件的压铸企业；国内唯一能够生产铝发动机缸体的压铸厂是广州东风本田发动机有限公司；华泰铝轮毂有限公司、南海中南铝合金轮毂有限公司位居中国汽车铝轮毂生产最强企业的行列。深圳力劲机械有限公司是中国最大的压铸机制造公司，是国内率先和主要制造铝镁合金压铸机的公司。

（二）广东储氢材料产业现状

广东省作为我国的资源大省，同时也是新型产业较为集中的省份之一，其储氢合金粉产业在全国地位举足轻重。改革开放以来，广东省凭借其优越市场环境，培育了一批涉猎广阔、竞争力强的储氢合金粉企业。其中，稀土储氢合金粉的生产及应用不仅处于国内领先地位，同时还带

① 黄福龙，易树良. 广东铝加工的结构调整［J］. 中国金属通报，2011，47：16－18.

动新能源汽车、电子信息等战略性新兴产业的蓬勃发展，成为近年来广东省经济快速增长的重要推动力。广东省高新技术企业之一的广东省四会达博文实业有限公司主要产品是储氢合金粉，是目前全国产能最大的企业之一，年产值达1.5亿元，合作伙伴包括比亚迪、GP、广州鹏辉、科力远等大型电池企业，该公司更是被评为国家级优秀民营企业、国家级高新技术企业。该公司拥有6 000t/年的储氢合金生产能力。2006年销售收入1.6亿元，投入科研经费837万元，占销售收入的5.2%。2010年四会达博文的产量达到1 480t，该公司具有组建省级工程中心良好的产业基础和资金基础。2012年该公司研制“FS11长寿命储氢合金粉”、“GR16超晶格储氢粉”、“DG14低成本储氢合金粉”、“GR14高倍率储氢合金粉”等四个产品被广东省科技厅认定为高新技术产品①。

广东省的储氢合金产业正在迅速的发展，除了四会达博文实业有限公司外，更是涌现了一批实力强劲的生产企业，其中发展较好的骨干企业如广东森莱公司、广东佳力公司等。

（三）广东磁性材料产业现状

经过20多年的发展，广东省磁性材料产业也取得了巨大的进步，技术水平不断提高，涌现出了一批实力较强的生产企业。近年来，广东省的磁性材料行业每年都保持3%～5%的增长速度。

目前，广东省应用最广泛的永磁材料产业包括NdFeB永磁和永磁铁氧体，是NdFeB永磁主要应用地区，产量约占全国的40%。广东省目前正在大力发展光电信息（IT、医疗器械等）、家电（冰箱、空调等）、新能源等支柱产业或战略性新兴产业，这些产业的发展离不开NdFeB永磁材料的支撑。此外，家电行业是广东省的特色产业，现正面临新一轮的升级换代，这些都对NdFeB永磁提出了更高的要求，同时也提供了更广阔的应用领域②。

① http://www.cn-doublewin.com/cns.asp?url=about.html.

② 肖方明. 广东省稀土产业技术路线图. 广州：华南理工大学出版社，2011.

在稀土永磁方面，肇庆三环京粤磁材有限责任公司是广东省最大的烧结 NdFeB 生产企业，由中科院三环高技术股份公司和肇庆市高级技工学校合资建立，有 10 多年的磁性材料生产经验，具有较强的技术研发实力，具备年产 800t 的各种牌号 NdFeB 稀土永磁材料的生产能力，是我国专业生产烧结 NdFeB 稀土永磁材料的骨干企业。此外，广东省还有饶平县裕通永磁材料厂生产不同类型的 NdFeB 永磁。在快淬磁粉的制备方面，虽然国内外的主要市场被 MQ 公司占有，广东省也涌现出了像力邦磁业这样的磁粉制备企业，已能生产磁能积达 14 ～ 15MGOe 的单相和纳米复合 NdFeB 粉末。在粘结 NdFeB 方面，金南磁性材料厂、梅州磁性材料厂都生产粘结磁体。而对于永磁铁氧体材料方面，广东江粉磁材股份有限公司、广东捷科磁电系统有限公司年产均达到了 9 000t，梅州磁性材料厂年产近 6 000t。

广东省最大的软磁材料企业为广东风华高新技术股份有限公司（肇庆）。作为国有上市企业，自 1998 年开始专业研发、生产经营 MnZn 高磁导率软磁铁氧体系列、MnZn 低功耗软磁铁氧体系列、NiZn 铁氧体系列磁粉、磁芯。通过走“产、学、研”相结合的路子，不断提高技术水平、扩展生产规模。该公司产品被列入“国际电子变压器”2005 年大中华区首选磁芯。产品定位中高端，生产规模 10 000t/年，为省内第一。乳源东阳光集团磁材厂（韶关）作为一家私有企业，虽然目前产品档次较低，但生产规模也已达 10 000t/年。越峰电子有限公司（广州）为台资企业，主要业务为软性铁氧磁铁芯及磁铁粉的制造及销售，产能规模约为 3 000t/年。

在磁记录头材料方面，铁氧体和金属软磁材料作为写入磁头得到了大量应用。作为读出磁头的巨磁阻材料发展非常迅速。巨磁阻材料主要以多层薄膜的形式应用于磁头，由于薄膜厚度和均匀性要求很高，对其制备工艺提出了很高的要求。位于东莞的香港新科实业有限公司新科电子厂是全球最大的硬盘读写磁头独立生产商，作为 TDK 集团的全资附属公司，在磁头薄膜材料方面的技术优势领先全球，为全球计算机硬盘市场提供超过50%的读出磁头材料。

二、广东先进金属材料产业的SWOT分析

(一) 优势

1. 铝合金产业结构合理，产业链完善，产品在国内占有重要地位①

铝型材在广东的发展主要源于建筑铝型材的需求。从20世纪80年代中期到90年代，随着中国进入铝门窗幕墙的应用高潮，以挤压加工生产方式生产的铝型材行业的发展也进入了高速发展期。广州和深圳首先建铝型材厂，随后是南海，尤其是南海的大沥镇发展最快。1991年，南海有335家铝型材和铝制品企业，即使后来遇到建筑业收缩，2002年底也尚有116家（包括生产建筑铝型材和非建筑铝型材的企业），有450多台挤压机，拥有占全国1/3以上的铝型材产能。目前，中国铝型材厂最为密集的地方仍然是大沥镇。广东兴发铝业有限公司、广东坚美铝型材厂有限公司、佛山三水凤铝铝业有限公司、亚洲铝业控股有限公司、深圳华加日铝业有限公司、佛山市新合铝业有限公司、广东豪美铝业有限公司等铝型材加工企业在全国具有较高的知名度，技术和产品质量处于国内领先地位。

20年来，广东的铝板箔工业的发展比铝型材缓慢很多，生产铝板箔有一定规模的只有华益、广州铝加工厂和中南铝加工厂三家。随着交通、电子等行业的快速发展，刺激了广东省铝板带箔加工的发展。广东省铝工业开始关注铝板带箔加工。深圳市东阳光实业发展有限公司建成了乳源东阳光精箔有限公司，年产量为10万吨铝板带箔。亚洲铝业集团已投资建设年产40万吨高水平的铝板带厂。广东铝板带箔企业在生产和技术方面，呈现出规模大、起点高的特征。

广东省装备条件较好、规模较大的铝加工企业多数为民营。在南海大沥镇，以铝型材为中心，配置了生产设备、原材料、备件、辅助材料

① 广东省铝工业路线制定组. 广东省铝工业技术路线图，2008.

的物资供应和市场体系及商务体系，构成了铝型材行业及与其相关行业相当完善和发达的工业基地，有着完整的铝型材产业链。铝型材的加工业也带动了与其相关行业的发展，与铝型材生产设备有关的发展迅速的机械制造业有：铸造机、熔铸炉、锯切机、模具加热炉、均匀化炉、滑出台、铝型材时效炉、挤压机、冷床、牵引机、坯锭加热炉、矫直机、氧化着色电源及氧化工艺吊车、电泳及喷涂的辅助设备；直接用于铝型材挤压生产的挤压模具制造业；间接用于铝型材生产的辅助材料，如细化剂、熔剂、表面处理的各种化学添加剂等。这些企业都具有一定规模，有的还处于国内领先地位，产品不但供应国内省市，还向东南亚、中东、非洲等地的国家出口。

2．拥有丰富的稀土资源和广阔的应用市场

我国稀土资源储量丰富，储氢占全世界稀土储量的52%，除此之外，中国稀土的品种齐全，像离子吸附性稀土矿这种稀有罕见矿种在我国都有发现，广东省所拥有的矿种中就包括离子吸附性稀土矿。我国稀土资源种类最齐全的省份是广东省，并以世界少有的重稀土为主。据估计，广东拥有超过900万吨的稀土资源储量，居全国前列。广东GDP中20%与稀土产业有关，因此，广东省将在中短期内，重点规范稀土资源开发，同时将重点突破稀土功能材料的制备、应用和产业化的关键技术难点，以更好地实现广东省稀土行业的深度发展。2012年2月27日，广东省稀土产业集团以广东省广晟资产经营有限公司为主体成功组建，标志着正式拉开了广东省稀土行业整合重组、产业结构优化、发展方式转变的序幕。2011年，广东省稀土产业产值已超500亿元，带动电子信息、汽车制造、航空航天、新能源等稀土下游应用产业产值突破1.5万亿元，有希望进一步发展成为具有国际影响力的稀土研发生产基地和应用中心[①]。

我国在稀土应用方面拥有巨大的市场，该产业已经遍布国民经济的

---

① 南方都市报．广东稀土产业集团挂牌成立　产业整合拉开序幕［EB/OL］．http：//www. shenguang. com/news/2012－02/5E8CEE1C4F37447E85F9C13FB184216C. html.

各个领域。例如在冶金机械、石油化工、玻璃陶瓷以及新材料上都有所应用。稀土产业在国家政策的大力支持下蓬勃发展，已经形成南、北两大产业结构，实现生产和内外销同步、持续、高速与稳定的发展。我国稀土产业开始进行产品结构调整，这标志着我国稀土产业开始步入世界先进行列。

广东省是我国电子信息产业大省，同时也是最大的磁性材料消费市场。全国70%的磁材消费量来自我省珠三角地区。世界主要客户群也分布在这些地区，占尽天时地利优势。

在稀土永磁材料方面，广东磁性材料产业所需稀土资源十分丰富。因此广东省的稀土永磁，包括NdFeB和SmCo永磁，产业发展也非常迅速。广东省的NdFeB产业技术一直在快速发展，技术水平已与国内先进水平相当。

国内主要从事粘结永磁铁氧体的企业有30多家，主要集中在广东，如金南塑磁、深圳盈进制品厂、大华磁电、顺德霸菱集团、江门粉末、飞来福磁铁、梅州市磁性材料厂，占市场总量的70%以上，浙江和江苏约占20%。拥有一批极具竞争力的公司，如风华高科、肇庆三环京粤磁材有限责任公司。企业具备较强的技术优势和装备配套优势。企业重视产品、技术、质量创新，近年来不断推出各类新产品，以满足市场需求。

作为储氢材料来说，广东省培育了一批具有较强竞争力的储氢合金粉企业，其生产及应用处于国内领先地位。广东省四会达博文实业有限公司的多个产品被广东省科技厅认定为高新技术产品，广东森莱公司、广东佳力公司也是实力强劲的生产企业，具有很强的竞争力，尤其是车载储氢材料的应用将充分改变现在产能过剩的局面，促进稀土储氢材料的蓬勃发展。

（二）劣势

1. 缺乏原创性技术，技术水平有待突破

广东的合金产品开发及新加工技术的应用相对比较薄弱，主要原因是广东的应用基础理论的研究比较缺乏，更缺乏前瞻性的应用技术研究，工业铝材如高强韧耐蚀合金的开发和应用、汽车用耐蚀合金板材的应用等基本属于空白。先进加工技术中如搅拌摩擦焊技术的应用、挤压铸造技术的应用、宽幅型材挤压生产技术等都有待突破。国外在强大的研发体系支持下，上述技术都已得到工业化应用，广东在此领域的差距尤为突出。

与国外技术先进的大型铝加工企业相比，中国(广东)铝加工产业化总体水平主要存在以下差距[①]：① 先进国家加工企业平均产能为 5 万吨/年，而我国企业的平均产能约为 0.5 万吨/年。② 国外使用的铝合金种类多、状态复杂，而我国使用合金品种较少，例如仅 6063 合金一种牌号使用量就超过 80%，无法满足不同需求。国外常用的合金牌号有 400 多种，合金状态有 150 个，国内合金种类只有约 120 个，合金状态约 50 种。③综合能耗高于国外 8% ~ 10%，综合成品率约低 10%。④国外产品品种齐全，加工能力强，技术水平高，我国中、低端产品多，先进加工技术应用较少。⑤我国以挤压型材为主，缺乏技术含量和附加值高的工业型材，建筑型材与工业型材比例约为 7 : 3，而发达国家此比例相反。⑥铝工业开发投入少，自主创新能力弱。

广东部分企业引进国外高效率双室燃烧熔炉和先进的热顶铸造技术，如深圳华加日铝业有限公司和广东兴发铝业公司，但就整体水平而言，广东的熔铸技术仍然是高能耗和自动化水平较低，铝液净化技术与国外差距较大，缺乏对熔炼、凝固等应用基础理论的深入研究。

广东的先进加工技术以引进为主，缺乏自主知识产权，工业应用亦不成熟。如等温快速挤压技术，大型模具设计制造技术，短流程、近终成型加工技术，热轧控轧技术等都有待突破。

稀土应用技术含量偏低，技术创新能力差。稀土精细化工材料技术落后于世界先进水平。稀土杂质含量仍然过高，分离、高纯化技术落后，

① 广东省铝工业路线制定组. 广东省铝工业技术路线图，2008.

开发技术落后①。

装备相对落后，自动化水平低。开发磁性材料产品的上下游产业链结构不合理，进行产品的深加工能力差。由于近两年国家对稀土氧化物开采实行调控，NdFeB 生产用原材料价格大幅度上涨，生产资金不足，研发资金投入有限，难以满足新产品开发要求。

广东省内对磁性材料基础研发投入不够，创新能力有待提高。目前，广东省从事磁性材料研究的只有华南理工大学、广东省工业技术研究院等少数几家高等院校和研究院所。省科技计划对基础研究和应用基础研究投入过低，导致磁性材料产业发展后劲不足。

稀土及镍钴等原材料价格上涨，企业面临的竞争压力巨大，而广东省内对储氢材料产业的研发鼓励不多，企业创新能力有待提高。广东省从事储氢材料研究的尽管有华南理工大学、广东省工业技术研究院、广东工业大学、暨南大学和华南农业大学等几家高等院校和研究院所，但是应用基础研究，尤其是应用研究的水平过低，导致稀土储氢材料产业发展后劲不足，产品过于单一。

2. 磁性材料结构不合理，产品单一，经营模式粗放

我国稀土产业冶炼与分离能力过剩，产大于销，由此导致供过于求，产销严重失衡，市场价格大幅度下降。国内企业开始恶性竞争，导致稀土低价销售，企业亏损。我国稀土产业生产经营和管理方式仍需改善。

广东省中、低端产品多，先进加工技术应用较少。同国内大部分企业一样，广东省磁性材料企业生产成本较高，利润空间小，附加值低。很多企业存在低水平重复问题。质量管理和质量监督方面也存在缺陷。企业研发能力薄弱，新产品、新工艺开发能力弱。整体规模大、单体规模小，硬件设施不完善，产业集中度低，规模效益差成为我国稀土产业的硬伤。产业结构档次低，质量不够高，结构不合理。原料型和中低档产业占较大比重。

---

① 苏文清. 中国稀土产业竞争力评价和分析［J］. 稀土，2004，5：71－73.

广东省的磁性材料生产和研发实力与江浙、京津、烟台、山西和安徽等地区相比还有较大差距。例如，广东省软磁铁氧体的产量只占到全国总产量的20%左右，稀土永磁产量比例更低。据统计，全国70%的磁材消费量来自广东省珠三角地区，然而，全国最大的生产基地却在浙江，产量占总产量的60%以上。例如，节能环保空调及混合动力汽车目前对高性能NdFeB永磁材料的需求主要是通过采购日本生产的高性能NdFeB永磁材料而满足的。肇庆三环京粤磁材有限责任公司经过技术攻关，目前可以生产的牌号有N48M、N46H、N42SH，但对于特定形状的NdFeB还是无法批量生产。另外，自动成型技术、全自动电镀生产线也是其薄弱环节和急需解决的技术难题。

（三）机遇

1. 产业增长空间大，需进一步发挥优势

广东铝材分品种来看，未来各大产品均存在一定的增长空间。

广东汽车工业、摩托车工业较为发达，对铝铸件需求较大。广州的目标是打造国际汽车制造基地，成为中国的“底特律”。预计后期广东对铝铸件的需求量会出现较大的飞跃。其次，广东是国内较大的废铝集散地，且对于废铝进口具备得天独厚的优势，因此对于发展铝铸件较占优势。

广东铝挤压材已经形成集群规模化效应，在生产技术、管理、人才等方面具备一定的优势。其次，广东房地产市场、汽车行业、家电及电力电子行业仍呈较快的发展趋势，未来仍给广东挤压材市场提供一定的增长空间。第三，从广东在建及新建铝加工项目来看，铝挤压材项目仍占据绝对多数。

广东铝轧制材是较有发展前景的一个铝材品种。这主要源于目前广东省铝轧制材呈产销不平衡的格局。据统计，2010年广东省铝轧制材产量约36万t，仅占我国铝轧制材总量的5%左右。而消费方面，由于广东省房地产、汽车、灯具、家电电子及电力通讯等行业相对较为发达，其铝板带消费量占全国的1/3左右。

“十五”以来，广东全面实施“科教兴粤”战略，充分发挥科技推动经济社会发展的重要作用，全面提升企业的创新能力、设计能力和产业国际竞争力。其中，前沿技术或战略高技术是区域创新能力的集中体现、新产业革命的重要技术基础以及国际科技经济竞争的制高点。氢能利用与燃料电池作为新兴的先进能源技术，有望改变当前以化石能源为基础的产业格局。开发氢能源及在未来发展氢能经济对于经济高速增长，能源进口依赖程度较大、消耗与日俱增的我国，具有十分重要的战略意义。广东省科学和技术发展“十一五”规划中明确把制氢技术和储氢材料作为重点研究内容，主要包括：①储氢合金，包括研究高容量镁基储氢合金、稀土储氢合金等，重点研究制备技术、气固储氢的容量、热力学性能、动力学性能和循环储氢性能；②金属化合物储氢材料，包括 $NaBH_4$、$NaAlH_4$ 和氮化锂等金属化合物，重点研究其气固储氢的容量和循环储氢性能，力争达到燃料电池用氢源的要求；③非金属储氢材料，包括纳米碳管、超级活性炭和硼化氮纳米管等非金属材料，重点研究其储氢机理、容量稳定性和循环储氢性能；④新型膜材料、新型催化剂、新型极板材料、半导体材料、新型密封技术、催化剂、控制与集成技术等。

长安、奇瑞 A5、一汽奔腾、通用、君越等大部分混合动力轿车采用的都是镍氢动力电池，这种电池在混合动力汽车驱动电池领域占据主要位置。而决定电池制作的核心材料则是稀土储氢材料。稀土是广东为数不多的优势矿产之一。根据广东省稀土专家介绍，广东是稀土资源种类最齐全的省份，并以世界少有的重稀土为主，储量大，价值高，分布范围遍及全省 40 多个市县，可供开采的离子型稀土矿数量位居全国前列。据了解，随着经济的发展以及对战略性新兴产业发展的需求，2010 年中国稀土消费结构中新材料就占到 61.9%，其中储氢材料就占 7.2%，而广东对稀土储氢材料的应用占全国的 60% 以上。广东已是全国稀土功能材料应用第一大省，这是其他同样拥有资源优势的省市所无法比拟的。在广东省优化升级以及大力发展战略性新兴产业的进程中，推动稀土功能材料的发展和应用将成为广东省经济发展的后劲和竞争力的突破口。

2. 国家高度重视，需进一步提高竞争力

我国稀土资源在种类、质量等方面比别的国家都具有优势，为我国稀土产业的发展创造了条件，并为储氢合金提供了丰富的原料。中国稀土主要供应地在包头、江西、四川、山东、湖南、河南、广东、山西等省市。

我国自20世纪70年代末期就开始了稀土储氢合金的研究，20世纪90年代以来，在国家“八五”、“九五”攻关，以及“863”高技术发展计划中，稀土储氢材料均被列为重点项目，放到优先发展的地位。

20世纪90年代以来，由于国家政策的大力支持以及大批科研机构的参与研究，我国储氢合金粉在生产工艺、技术以及储氢合金的质量等方面都得到了较大的发展，处于世界领先水平。储氢合金已经成功应用于通讯、电子、家电等领域，是21世纪绿色能源领域中的战略性材料。广东省目前应用最为广泛的储氢合金粉产业包括稀土储氢合金和镁基储氢合金。

广东省将按照统筹规划、政策引导以及市场化运作的原则，推进稀土资源整合和企业兼并重组工作，逐步实现全省稀土资源合理开发和有效利用，保护生态、保护环境、保护资源，建立规范有序的市场秩序，大力发展稀土新材料及应用产业，加快将广东省稀土资源优势转化为经济优势和产业优势。这一利好消息将促进稀土永磁材料的发展。

此外，广东省也在大力鼓励发展包括超磁致伸缩材料、磁致冷材料在内的其他磁性材料。

（四）挑战

广东省是电子技术应用需求量最大的地区，同时也是全国最大的软磁铁氧体消费市场，对软磁铁氧体的需求非常迫切。

世界软磁铁氧体市场发展迅速，尤其在高速发展的通讯、节能照明、家电等领域，同时还有新兴的3G网络等领域。而且，在这些领域又进行市场细分，生产出适合各类市场需求的产品。值得一提的是，软磁铁氧体作为应用广泛的功能材料，目前还没有其他材料可以取代。日本、欧美等世界著名软磁铁氧体生产厂家逐渐退出中低端市场，以巩固其高端市场地位。这为广东省软磁铁氧体生产厂家带来了有利的发展空间，生产厂家可扩大生产规模，迅速占领世界中低端市场，同时大力投资研发高端产品，进军高端市场。

另外，国内磁性材料生产企业应采取联合行动，优化结构，整合资源，组建大型磁材生产企业，避免同质化竞争，形成完整的产业链，获取合理利润率。对行业内的不和谐声音，采取行业内抵制和协会干预方式，确保整个行业健康有序的发展。

中国的稀土开发长期以来处于生产无序、竞争无度的混乱状态，稀土价格低位徘徊，科研开发力度不足，导致中国的稀土科技远远落后于发达国家。广东也无法幸免。广东在稀土开采、冶炼分离、新材料及其应用产业、科技创新等方面进步明显，已初步形成较为完整的产业体系，具备进一步发展成为全球有重要影响的稀土研发生产基地和应用中心的潜力。但是广东稀土产业发展中存在的资源勘探滞后、矿业权设置不合理、违法开采行为时有发生、资源利用水平低、产业集中度不高、新材料开发和终端应用技术发展缓慢等长期影响广东省稀土行业持续健康发展的问题仍比较突出。如何做到从资源大省到产业强省的转变，是广东今后发展的重大挑战。

储氢合金的发展和大规模应用是世界性难题。和中国的大趋势一样，广东储氢合金粉也面临着严重的产能过剩，近几年镍、钴、稀土等主要原料价格的大幅波动，使得储氢合金粉企业的经营难度日益加大，部分企业开始缩减产量，甚至寻求新的行业发展机会。另外锂电池随着技术的日趋成熟，成本优势十分明显，性价比在通讯、数码等领域大面积取代镍氢电池，同样给传统的储氢合金带来威胁。广东如何做到在现有大规模稀土储氢合金的基础上开发新型高容量的储氢材料，如何推动稀土储氢材料应用及相关的产业升级，确保新能源竞争中保持良好态势是其发展不可避免的难题。

第三章

国内外新材料产业促进政策研究

第一节　国内外新材料产业促进政策概述

一、国外新材料产业促进政策概述

新材料产业发展水平已成为衡量一个国家经济社会发展、科技进步和国防实力的重要标志。世界各国尤其是发达国家都十分重视新材料产业的发展，纷纷制定新材料产业的战略目标和发展规划，力争提高国家的国际竞争力，保持领先发展优势。

美国新材料科技战略目标是保持本领域的全球领导地位，支撑信息技术、生命科学、环境科学和纳米技术等领域发展和满足国防、能源、电子信息等重要部门与领域的需求。

日本新材料科技战略目标是保持产品的国际竞争力，注重实用性，在尖端领域赶超欧美。日本21世纪新材料发展规划中主要考虑环境、资源和能源问题，把研发的具体材料是否有利于资源与环境的有效利用、是否对环境造成污染、是否有利于回收再利用作为主要考核、评判指标。

欧盟新材料科技战略目标是保持在航空航天材料等某些领域的竞争领先优势。2009年3月欧盟宣布，欧盟将在2013年之前投资1 050亿欧元支持欧盟地区的“绿色经济”，促进就业和经济增长，保持欧盟在“绿色技术”领域的世界领先地位。此外，信息社会技术、航空和航天、可持续发展、全球变化和生态系统等领域也与新材料有关。

德国通过研究开展开辟世界市场的产品创新和技术创新，在制备、加工和应用新材料3个方面，确保德国的国际领先地位。德国作为主要发达工业国家之一，在高技术领域有雄厚的实力，在激光、新材料、纳米、电子、生物、信息通信等技术领域，德国都具有国际领先水平。

俄罗斯研发新材料的战略目标：一方面力求继续保持某些材料领域在世界上的领先地位，如航空航天、纳米材料、能源工业、化工、金属材料、超导材料、聚合材料等；另一方面，则大力发展对促进国民经济发展和提高国防实力有影响的领域，如电子信息工业、通信设施、计算机产业等。

韩国新材料科技发展战略目标是继美国、日本、德国之后，成为世界产业第四强国。材料科技是其确保2025年国家竞争力的6项核心技术之一，也是为其他领域技术突破铺路的技术。

部分发达国家和地区的新材料发展战略和规则如表3-1所示。

表3-1　部分发达国家和地区的新材料发展战略和规划

国家或地区	战略目标	相关发展规划
美国	保持本领域在全球的领导地位，支撑信息技术、生命科学、环境科学和纳米技术等领域的发展，满足能源等重要部门和领域对新材料的需求	“21世纪国家纳米纲要”“国家纳米技术计划（NNI）”“未来工业材料计划”“光电子计划”“光伏计划”“下一代照明光源计划”“先进汽车材料计划”“化石能材料计划”“建筑材料计划”“NSF先进材料与工艺过程计划”等
日本	保持产品的国际竞争力，注重实用性，在尖端领域赶超欧美	“2006—2010年科学技术基本计划”（第三个科学技术基本计划）、“纳米材料工程计划”“21世纪之光计划”“超级钢铁材料开发计划”等
欧盟	着力推动催化剂、光学材料和光电材料、有机电子学和光电学、磁性材料、仿生学、纳米生物技术、超导体、复合材料、生物医学材料以及智能纺织原料等10大新材料的发展，保持航空航天材料的竞争优势	“第六个框架计划”“欧盟纳米计划”“COST计划（欧洲科学和技术研究领域合作计划）”“尤里卡计划”“欧洲新材料研究规划”“光产业发展计划”等

续表 3-1

国家或地区	战略目标	相关发展规划
德国	注重材料技术创新，确保新材料技术国际领先地位	“纳米创新——2010 行动计划”“工业与社会材料创新计划”等
俄罗斯	发展新材料，提高国家的经济竞争力，在航空与国防方面与美国抗衡	“纳米产业发展战略”“2008—2010 年纳米基础设施发展国家专项计划”“国家纳米工业发展计划”“材料科学发展战略”“材料科学国家专项计划”等
韩国	强化新材料研发，力争成为继美国、日本、德国之后的世界新材料第四强国	“韩国科技发展长远规划——2025 年构想”“新产业发展战略”“纳米科技推广计划”“NT（纳米技术）综合发展计划（2001—2010）”“G7 计划（先导技术开发计划）”等

资料来源：课题组整理。

二、我国新材料产业促进政策概述

我国七大战略性新兴产业之一——新材料产业，是战略性新兴产业发展的支撑和保障，是促进传统产业转型升级的重要基础，是推动技术创新的革命性力量，对于战略性新兴产业的全局发展具有重大保障作用和支撑作用。据估算，中国新材料产业的研发能力比发达国家落后 5 年，但我国正逐步缩小这种差距。当前，我国仅有 10% 左右的新材料产业领域为国际领先水平，有 60% ~ 70% 领域处于追赶状态，还有 20% ~ 30% 的领域远远落后于国际水平[①]。

国务院在 2006 年 2 月发布的《国家中长期科技发展规划纲要（2006—2020）》中指出：相关前沿技术的发展需要包括新材料技术。在

① 中国新材料产业投资分析及前景预测报告（2010—2013 年）. [EB/OL]. http://www.chinaccm.com/48/4803/480301/news/20110118/111906.asp.

2010年9月发布的《国务院关于加快培育和发展战略新兴产业的决定》中要求把战略性新兴产业培育成为国民经济的先导产业和支柱产业。

2012年2月，由工业和信息化部组织制定的《新材料产业“十二五”发展规划》正式发布，标志着新材料产业正式步入黄金增长期。

“十二五”期间，我国将重点发展以下6大新材料领域：高端金属结构材料、特种金属功能材料、先进高分子材料、高性能复合材料、新型无机非金属材料、前沿新材料。同时，国家还准备集中力量组织实施一批重大工程和重点项目，包括：碳纤维低成本化与高端创新示范工程、稀土及稀有金属功能材料专项工程、高性能钢铁材料专项工程、高强轻型合金材料专项工程、高性能膜材料专项工程、新型节能环保建材示范应用专项工程、先进电池材料专项工程、电子信息功能材料专项工程、生物医用材料专项工程、新材料创新能力建设专项工程等10项重大工程项目①。

我国新材料产业促进政策主要包括以下几个方面。②

1. 结合优势，合理布局

完善各地规划对接工作，结合各地优势资源、产业基础、市场需求，将规划重点落实到具体企业和项目上，形成国家和地方层面的完美交汇，构建部省联动的有效机制。

2. 进一步完善新材料产业发展扶持政策

加快研究制定有利于新材料产业发展的金融、投资、财税等配套措施，完善政策环境。加强统筹协调管理，利用现有政策，加大对新材料产业发展的扶持力度。

3. 加强新材料研究开发和创新体系建设

加强新材料学科建设，鼓励企业建立技术开发中心、工程技术研究

① 跨国公司对中国新材料产业发展的影响及政策建议. http://www.caitec.org.cn/c/cn/news/2012-05/11/news_3265.html.

② 苏波. 大力培育发展新材料产业 加快促进工业转型升级. http://www.miit.gov.cn/n11293472/n11293832/n11293907/n11368223/14816632.html.

中心。围绕新材料换代升级，推动建立一批新材料产业公共服务平台和技术创新联盟，组织实施新材料产业重大工程。

4．抓好重点项目实施及重点基地建设

整合资源，加大力度支持建设新材料新型工业化示范基地，建设一批新材料产业转型升级公共服务平台。做好新材料产业相关专项实施工作，加强对重点项目的跟踪管理和监督检查。

5．加强新材料产业基础管理

健全管理机制与支撑机构，完善中国新材料产业博览会举办机制，为新材料行业搭建完善的沟通交流平台。抓好新材料产业标准化工作，完善新材料产业标准体系。开展新材料产品、企业认定工作，做好统计分析与运行监测工作。

各省市也纷纷出台新材料产业相关促进政策，见表3－2。

表3－2 国家及主要省市新材料产业相关政策

国家/省市	政策出台年份	政策
国家	2006年2月	国家中长期科学和技术发展规划纲要（2006—2020年）
	2010年9月	国务院关于加快培育和发展战略性新兴产业的决定
	2012年2月	新材料产业“十二五”发展规划
上海	2008年8月	上海市高新技术企业认定管理实施办法
	2009年5月	关于加快推进上海高新技术产业化的实施意见
		上海推进新材料高新技术产业化行动方案(2009—2012年)
	2012年7月	上海市新材料产业“十二五”发展规划
天津	2010年8月	天津市工业布局规划（2008—2020年）
	2011年7月	天津市工业经济发展“十二五”规划
	2012年2月	天津市新能源新材料产业发展“十二五”规划

续表 3-2

国家/省市	政策出台年份	政策
江苏	2009 年 12 月 2010 年 4 月 2011 年 12 月 2012 年 6 月	江苏省前沿领域新材料产业发展规划纲要(2008—2010 年) 江苏省新材料产业发展规划纲要（2009 — 2012 年） 江苏省“十二五”培育和发展战略性新兴产业规划 江苏十大战略性新兴产业推进方案
浙江	2008 年 12 月 2009 年 2011 年 10 月 2012 年 4 月	关于加快工业转型升级的实施意见 浙江省“十一五”纳米及新材料产业发展规划 关于加快推进战略性新兴产业培育发展工作的实施意见 2012 年浙江省新材料产业年度实施计划
山东	2009 年 6 月 2010 年 3 月	山东省加快新材料产业发展的指导意见(2009—2011 年) 关于促进新材料产业加快发展的若干政策
湖南	2009 年 4 月 2011 年 12 月	湖南省新材料产业振兴实施规划（2009—2011 年） 湖南省战略性新兴产业新材料产业发展专项规划

资料来源：课题组整理。

第二节　国内外新材料产业促进政策分析

一、国内外光电信息新材料产业促进政策分析

OLED 是未来平板显示器和白光照明的重要发展方向。为大力推动 OLED 技术的发展，众多国家均推出相应的产业促进政策。国际上，OLED 产业发展主要集中在东亚地区，产业集聚效应明显。

（一）国外 OLED 材料产业促进政策分析

1. 韩国

韩国作为一个显示器强国，拥有三星、LGD 等一批具备国际竞争力的显示器生产企业。为了抢占未来的显示器市场，韩国知识经济部在其推出的多个发展战略中都把 OLED 产业发展列为重要的发展目标。

韩国知识经济部于 2009 年 1 月发布的《韩国绿色 IT 国家战略》中概述了当时韩国 OLED 技术发展的现状。与美国、日本、欧洲相比，韩国处于 OLED 光源核心技术的初级研发阶段。

在该战略中，韩国政府计划于 2011 年完成 OLED 照明核心专利技术的研发，2012 年推广 OLED 照明设备的使用，提高电力的使用效率，减少 5 倍的电力消耗。政府希望通过发展 OLED 技术，通过照明和 IT 技术的融合，创造节能环保的新一代照明产业，从而提高国家竞争力。计划到 2027 年将 100% 的照明设备都替换成 OLED 照明设备，能源消耗比 2007 年减少 15%（路灯 300 亿韩元），温室气体排放减少 6%。

另外，在 2012 年 5 月，韩国政府又新推出了《显示器产业动向及应对方案》，明确 OLED 发展目标是到 2013 年能够成为世界首个实现 AMOLED 大屏幕显示面板量产的国家，引领新一代显示器市场的发展，使韩国国产显示器设备产品及零配件材料，在韩国市场份额扩大到 70%

(2012年份额为50%)。

在《显示器产业动向及应对方案》中，韩国政府将OLED产业列为中长期发展目标，目的是使韩国最终能够成为世界首个AMOLED电视和OLED照明面板量产的国家，并确保在电子印刷、柔性显示器等新一代显示器领域的核心技术竞争力。

韩国政府对正在进行的核心生产设备和材料的研发项目提供大力支持，以完成AMOLED电视量产的目标。2010年，为将现有的第5.5代AMOLED面板垂直和水平的涂层工艺转换成垂直和水平连接型的工艺技术，韩国政府投资了75万亿韩元。与此同时，政府还投资了10亿韩元用于核心有机材料的研发。2010—2013年，民间资本预计将投资10万亿韩元，用于AMOLED面板的生产设备投资，同时，韩国政府将大力支持对柔性显示器的核心技术柔性基板、设备研发以及工艺技术。在2010年，在可替代现有柔性显示器玻璃基板的塑料技术上投资了100亿韩元，在柔性基板上涂层的AMOLED工艺技术投资了22亿韩元，同时，即将开始对低温等离子设备等柔性显示器生产设备进行研发，并有望在2015年形成规模市场。

韩国政府计划大力促进OLED照明产业技术的发展，目的是能够研发出引领新一代环保的OLED照明市场的核心设备。在2010年，韩国政府为研发第4代OLED照明面板的量产设备投资了70亿韩元，与此同时，还进行OLED照明的设计研发以及加快培养人才的步伐。

从韩国政府支持平板显示产业的政策看出：①政府的主导作用体现在产业政策扶持、产业发展环境创造、前瞻性研发投入、人力资源培训、产业链关系协调等，集中国力资源支持三星、LGD两大企业发展平板显示产业；②投资主体以大企业集团（财阀体系）为主，外资投资为辅，保障了产业链构建资金及领先的规模扩张战略；③技术来源是在一定的产业基础上，先行关键技术引进，购买专利，后续注重自主开发，强力研发投入；④经营主体实力强大，贯通上下游产业链，跨国公司经营，采取就近生产降低成本的配套布局，勇于竞争的灵活的市场价格策略和品牌提升战略，造就重点市场的局部优势进而形成全球大局的竞争优势。

2. 日本

日本一直具有平板显示技术、材料、装备等配套优势，以夏普公司为代表的高世代 TFT - LCD 技术已经扩散到整个东南亚，实现了 TFT - LCD 的飞速发展，产值接近饱和。以日本索尼公司为先锋的 OLED 电视产品率先进入市场，开始了新一代 OLED 显示技术的角逐。随着日本各厂家竞相开发 OLED 的实用化技术，以及市场需求的大力推动，提高了可弯曲面板普及以及节能照明的可能性。尽管在 OLED 的产业化方面，韩国三星电子已率先进行中小尺寸产品的量产，并声明计划 2012 年量产可弯曲 OLED 面板，于 2013 年以后正式用于三星手机及平板电脑产品。

2008 年 7 月，日本政府制订了名为“新一代大型有机显示器基础开发”的绿色 IT 计划，该计划拟开发 40 英寸以上量产技术，预计 2015—2020 年完成，参加的企业包括索尼、东芝、松下、夏普、住友化学、出光兴产、产业技术综合研究所、长州产业、JSR、岛津制作所、打日本网屏制造、日立造船等，是一个完整的 OLED 产业链开发计划，涵盖了材料、设备、器件、整机等全部上下游产业。

（二）我国 OLED 材料产业促进政策分析

在我国，为贯彻实施国家电子信息产业调整和振兴规划，工信部会同国家发改委召集 PDP（等离子显示面板）和 OLED 行业龙头骨干企业及产业链配套企业、相关高校及科研院于 2009 年 3 月 19 日和 20 日分别召开 PDP 产业链发展及 OLED 产业发展研讨会，会上长虹等业内龙头企业呼吁国家实施积极财税政策。随后，财政部印发《关于扶持新型显示器件产业发展有关进口税收优惠政策的通知》（财关税〔2009〕32 号），决定将薄膜晶体管液晶显示器件生产企业进口物质税收政策执行期延长 3 年，同时将 PDP 和 OLED 生产企业纳入进口税收优惠政策扶持范围。该政策措施的出台使 PDP 和 OLED 等生产企业与 LCD（液晶显示）生产企业享受同等的政策优惠，对于进一步降低生产成本，完善产业配套，增强自主创新能力，推动建立 PDP 和 OLED 技术研发体系平台和基地，推动产业发展和技术创新，意义非凡。

中国台湾发展 OLED 显示器产业较早，规模较大。5 年前中国台湾与韩国在 OLED 显示器产业地位相当，产品主要集中在无源 OLED 技术，这种技术只适合小尺寸显示屏；随着显示技术的快速发展，无源 OLED 发展显现瓶颈，需求量饱和，大尺寸有源 OLED 技术得到快速发展，技术和产业重心逐渐向韩国转移，到 2011 年，韩国三星已达 OLED 全球出货量的 90% 以上。当前中国台湾的有源 OLED 技术已远落后于韩国及欧美日等国和地区，现在中国台湾地方政府和台湾企业正在加紧制定政策，提出合理的应对方案，结合 TFT 产业优势，突破有源 OLED 技术，大力发展大尺寸 OLED 显示产品，以挤进 OLED 产业的国际前列。

从日本、韩国等国的发展容易看出，发展新型平板显示产业一定少不了政府的支持。2014—2020 年，我国继续为促进平板显示技术的自主创新发展，一如既往地支持优势 OLED 企业扩大生产。同时，鼓励先进生产工艺项目的投资。OLED 行业还将鼓励 OLED 上下游市场的产业链整合，并推动我国 OLED 行业的生产技术升级。

但是，从目前 OLED 产业的发展来看，存在相关企业之间，独自作战、各自为政的问题。企业间不能站在国家战略的高度，错失整体整合的机遇，分散了国家提供的相关资源、减弱了本应通过协同联合形成的国际竞争力。

二、国内外生物医用材料产业促进政策分析

越来越多的国家认识到，拥有生命科学基础研究优势，就把握了科学创新的原动力；拥有生物技术原始创新和产业化优势，就占据了生物新经济竞争的制高点。因为生物技术在保障粮食安全、提高公众健康水平、促进经济发展、缓解能源短缺压力、改善生态环境、维护国家安全中已经显现和正在孕育巨大的潜力，越来越多的国家将生物技术及产业发展列为国家战略。

（一）国外生物医用材料产业促进政策分析

在国外，林林总总的中介机构，包括行业协会、政府中介、民营中介等官方及民间营利性和非营利性组织，为生物技术企业提供从研究开发、技术信息、技术联系、成果转化、专利申请到风险投资、管理经营、税收优待、商业化和市场开拓，甚至出口援助等涵盖整个产业发展链条的无偿服务和合同性服务，已经在企业界、科学界以及风险投资界之间形成了近乎完善的服务网络体系。政府开办、授权或委托专门的中介机构服务于产业发展，一方面满足了业界的需求，另一方面也使得政府可以把握产业发展的脉搏，同时可以监理中介服务的质量和水准。另外，政府还可出资或授权给中介公司建立公共经济技术信息库，免费向企业提供服务，信息库的日常运行由中介公司来管理。发达国家的产业信息网络建设是相当规范与完备的。

人才战略体现在培养与引进两方面。措施主要有三方面：首先是大幅提高生物科技教育投资额；二是设立高额奖学金吸引和激励高等人才深造；三是培养市场开拓型的科技人才，例如英国政府拨款 1 500 万英镑用于建立科研机构与企业联合中心，对高校毕业生进行商业技能培训。人才吸引方面，为引入的人才提供高薪、重奖、配股、培训，以及优越的生活、科研条件已不是新鲜的招数，而降低门槛，为优秀科技人才打开国门开始成为战略性措施。

各国政府还注重优化本国人才科研环境，防止人才外流。例如在研究人员的税收、研究用贷款以及弹性工作时间方面相当优惠，并提高工资，扫除行政障碍，改善研究机构条件。如英国政府在 2002—2004 年间增加 10 亿英镑的科研投资用于本国科研条件的改善和科研人员生活水平的提高。此外，还特别注意生物技术全民普及教育，提高认知和参与意识；加强生物技术教师的培训、进修和选拔，调整生物技术课程，增强应用生物学的教育力度；为生物技术企业家开设高级技术课程，使其了解技术发展和应用的动态，把握产业发展趋势。政府有专门政策鼓励教育和培训，如对企业培训支出给予财政补贴和税收优惠。为了保证培训质量，政府还设立专门的职业训练中心；在充分收集企业职业需求信息的基础上，由专门招聘的咨询委员会对训练课程予以筹划，保证教育培训的针对性和实用性。

1. 美国

技术与产业发展中，政府不仅是资金的提供者，更是协作的组织者。美国政府机构参与生物技术从基础研究到产品上市的整个流程，而且还成立了 NIH（国立卫生研究院）、PTO（专利商标办公室）和 FDA（食物与药品管理局）一级政府机构。NIH 作为创新体系的起点，负责生物医用材料前沿基础研究以及新研究和新发现；PTO 将突破性研究成果备案，直至成果的知识产权得到保护，然后将技术成果转移至私营机构专业，促进产业化，获得 FDA 的检验和批准后最终上市。

美国政府已经建立起了完整的技术转让法律体系。这些法规进一步规范和放宽了技术转让的政策环境，允许科研机构和科学家个人持有专利所有权并可分享专利收入，使得技术人员的利益和积极性得到法律保障。美国国家科学技术委员会为此专门成立了负责审查评估政府与大学关系的常务工作组，华盛顿州立法也设有华盛顿技术中心，它们的主旨都是建立企业与大学良好的合作关系，为科研成果的商业化提供帮助。

在资本市场的组织结构和制度的形成过程中，政府因素可以起到关键作用：政府一方面可以通过直接出资加大种子基金投入，加强公共种子资金对新成立公司早期发展阶段的支持（这一阶段的超高风险性，一般的风险投资公司很少愿意投入，政府必须担负起这一重任）；另一方面可以通过政策倾斜引导多种资金来源、引导多种资本形式涉足生物技术产业；此外，设立专项贷款基金、利用政府信誉提供信用担保也是有效的信贷市场培育和介入途径。美国许多州已经颁布或正在审议的“资本获得基金”措施中，政府以灵活多变的机制设立生物技术风险基金，以使州政府能够在支出最少费用，甚至不用任何开销的情况下，推动产业融资。

加利福尼亚州设有直接面向领导者的“生物技术委员会”，由16名该地生物技术公司的CEO成员组成，每季度会面一次，职责是为行政长官提供推动加州生物技术产业发展的必需条件和相关信息，甚至提出合理化建议，宾夕法尼亚州也设有功能相似的“州长反应小组”。

2．欧盟（瑞典）

瑞典在大学和业界之间建立了广泛的联系网络，把创业者、投资者、技术人员和管理人员联系起来，推动成立新的高技术公司，实施科技成果的商业化开发。给予高额度高增长的研究开发投入。政府投入在产业资金投入金字塔中处于顶层，投向有两个：基础研究/开发（包括平台技术开发）和基础设施投资，二者间的投入比超过9∶1。其中，基础设施投资具体包括：教育和培训、仪器设备更新、设施改进、仓库或货栈建造、公共数据库建设等。

通过税收优惠鼓励企业与大学的技术合作。国家或地方政府资助的课题方向往往是综合性较强、应用面较广以及科技突破余地较大的领域，投资的对象一般为大学和研究所。如果实力雄厚的企业研发中心与科研单位合作，也可以获得国家资助的重大项目。同时还通过税收优惠鼓励企业投资于大学的研究项目，如瑞典公司对大学生物技术研发的投入可达大学总经费的20%。

利用大学的科研优势，在其毗邻地区或校内设立研究园区或孵化器，将政策、人才、技术、资金、管理综合集成，形成有利于成果迅速产业化的局部环境，是国际上生物技术产业创新基地建设的共同模式。在基地内生物技术初创企业可以得到更优惠和便利的服务支持，如税收信贷减免、降低公用事业费、研究和制造设备共享、合同性生物制造服务、低于行情的实验室出租和资料库信息的使用，还有专业而集中的技术、资本、知识产权和市场开拓等中介服务。

欧盟各国政府和联合国等国际组织十分重视转基因生物管理工作。由于受技术发展水平、经济利益、公众接受程度等多种因素的影响，各国形成了不同的模式。宽松的美国模式的监管对象是生物技术产品，而不是生物技术本身。而欧盟认为，重组 DNA 技术有潜在危险，不论是何种基因、哪类生物，只要是通过重组技术获得的转基因生物，都要接受安全评价和监控，监管严厉①。

（二）我国生物医用材料产业促进政策分析

在世界市场上，生物相容性材料及制品中，美国大约占了 49.7%，欧洲占了 24.1%，日本占了 17.2%，而剩下的其他国家所占市场份额只有 9%。我国与国外差距较大，占世界市场的份额不足 3%。

面对国际市场的压力，发展中国自主品牌，大力扶持发展中国生物医用材料企业成为当务之急。而面对市场的巨大压力，我国提出了促进生物医用材料产业发展的政策。

根据《中华人民共和国国民经济和社会发展第十二个五年规划纲要》和《国务院关于加快培育和发展战略性新兴产业的决定》的总体部署，工业和信息化部会同发改委、科技部、财政部等有关部门和单位编制了《新材料产业“十二五”发展规划》。

战略性新兴产业对部分新材料的需求预测：2015 年，预计需要人工关节 50 万套/年，血管支架 120 万个/年，眼内人工晶体 100 万个/年；医用高分子材料、生物陶瓷、医用金属等材料需求将大幅增加；可降解塑料需要聚乳酸（PLA）等 5 万吨/年、淀粉塑料 10 万吨/年。

2011 年国家科学技术部制定的《“十二五”生物技术发展规划》指出：围绕当前我国转变经济发展方式和发展战略性新兴产业的迫切需要，加强生物技术集成创新，重点突破一批共性关键技术，研发具有自主知识产权、市场竞争能力的重大产品，着力推进生物医药、生物农业、生物制造、生物能源和生物环保产业的发展，实现我国生物技术研究与开发由技术积累向产业化开发的战略转变。

重点发展：突破一批生物医用材料前沿高端产品，开展一批主要依赖进口的高值替代产品研发，创制一批量大面广的生物医用材料，突破

① 王静波，王萍. 国外生物技术产业发展政策研究. 中国生物工程杂志，2003，11（23）.

生物医用材料制品个体化设计、生物医用材料表面改性、生物材料产品生物力学、耐久性及安全性检测等共性关键技术。

同时，国务院颁布的《促进生物产业加快发展的若干政策》（以下简称《政策》）提出：

1. 制定产业发展目标，加快生物医学材料企业发展

引导技术、人才、资金等资源向生物产业集聚，促进生物技术创新与产业化，加速生物产业规模化、集聚化和国际化发展。

建立以企业为主体、市场为导向、产学研相结合的产业技术创新体系，造就高素质人才队伍，增强自主创新能力，掌握一批拥有自主知识产权的重要生物技术、产品和标准。

培育若干个跨国经营的大型生物企业和一大批拥有自主知识产权的创新型中小生物企业，形成若干个产业集聚度高、核心竞争力强、专业化分工特色显著的生物产业基地。

2. 加大政策扶植力度，优惠税收政策

为促进生物应用材料相关的生物产业发展，《政策》提出将从发展壮大生物企业、大力促进自主创新、培养高素质人才队伍、加大财税支持力度、积极拓宽融资渠道、创造良好市场环境、加强监管和加强组织领导出发，全方面为促进生物产业发展提供良好的政策支持。

加大投资生物技术研发与产业化的支撑力度。各级政府根据财政增长情况，加大力度支持生物技术研发及其产业化，特别要加大力度支持重要生物技术产品研发、产业化示范项目。对完全可降解生物材料和经批准生产的生物柴油、生物质热电、非粮燃料乙醇等重要生物能源产品，国家应给予适当支持。鼓励科研机构、高校、企业和个人申请专利、植物新品种、商标等知识产权。

生物企业为开发新技术、新产品、新工艺发生的研发费用，对于未形成无形资产计入当期损益的，在按照规定实际扣除后，再按照研发费用的50%加以扣除；对已经形成无形资产的，按照无形资产成本的150%摊销。对被认定为高新技术企业的生物企业，按照税法规定减按

15%的税率征收企业所得税。进一步完善国家需要重点扶持和鼓励发展的生物医药、生物能源、生物农业、生物基材料等生产企业的税收政策。

建立财政性资金优先采购自主创新生物产品制度。各级国家机关、事业单位和团体组织应优先购买列入《政府采购自主创新产品目录》中的生物产品。

3. 加强国际合作，吸引国际投入

一是鼓励发展跨国研发机构，如为克服基础研究薄弱、创新能力不足的弱点，日本政府提供便利条件和财力支持，积极推动科技界和企业界的国际交流活动；同时为跟踪和利用其他国家的科技资源，鼓励大量设立跨国研究开发机构。二是配套支持重大合作项目，除了国家级的重大合作项目，政府还为企业和研究机构的国际合作提供便利的设施配套、审批服务和财政支持。三是吸引国际资本投资境内研发中心，吸引国际生物技术企业在境内兴建研究与开发中心，增加科技投入以及国际风险投资等。

三、国内外新型高分子材料产业促进政策分析

（一）国外新型高分子材料产业促进政策分析

1. 俄罗斯

近年来，俄罗斯政府实施了一项新的国家政策，旨在发展国内非织造布工业，计划在2020年使俄罗斯成为欧洲非织造布市场的重要成员之一。俄罗斯政府希望该政策不仅能解决非织造布工业目前存在的主要问题，还能为国内非织造布产量增长创造环境，延续非织造布工业的技术设备更新（制造业中使用寿命10年或者10年以上的设备大概占70%），扩展大多数国内非织造布生产商的生产范围。与这项政策配套的是大约200亿卢布（6亿美元）的总投资，其中150亿卢布用于更新纺织成型加工的设备以及引进吸收新技术。这项政策的实施分为三个阶段：第一阶段为2013—2014年，许多工业项目和工程会在已有科技储备基础上得以

实施。这些项目和工程能提高俄罗斯制造非织造布产品的竞争力，加强国内企业在国内外市场中的地位。在第二阶段，国内外注入的资金会用于提供接收新的大型的工程项目，包括那些在公司伙伴关系基础上才能实施的项目。为了此目标，政府会组织成立一个强大的研究基地，以帮助实施那些符合未来工业需要的新技术。第三阶段，计划在2020年，为减小与发展中国家之间的科技代沟创造环境，增加非织造布工业对国内总生产的贡献。

2. 印度

印度产业用纺织品的大力发展与政府和科研机构、国内外行业协会的紧密合作分不开。其代表性的TMTT项目计划在5年内（2010/2011—2014/2015）的预算支出为200亿卢比（约合4 390万美元），同时要完成两项任务：一是通过各种方法大力推广产业用纺织品的技术要点，具体目标包括标准的制定、建设通用的检测机构、发展国内已有的生产模式、建立信息基础设施和资源中心；二是大力支持市场发展活动。在第一项任务的实施过程中，印度政府将建立四座卓越中心（CoEs），分别致力于无纺布、复合材料、工业用纺织品以及体育产业用纺织品的开发和技术创新，每个中心将分别投入24.5亿卢比（约合540万美元）。同时，每家机构还将有20亿卢比（约合440万美元）用于设备资本，2亿卢比（约合40万美元）用于培训设施以及3亿卢比（约合70万美元）用于在未来3年内招募杰出的科学家和顾问。

3. 美国

美国政府通常间接地通过制订各种政策、法规、刺激措施，以及科研合同和采购合同的规定，对高新技术产业进行扶植，为其发展创造必要的条件和良好的环境；建设所需的基础设施，用以促进高技术产业的发展，增强其国际竞争能力。

为应对危机，美国产业用纺织品行业对产业结构进行了调整，各大公司将相对技术含量低的企业迁移到国外，而在国内进行新技术和新产品的开发。美国的纺织品行业每年投入至少20亿美元以继续引入新的设备与技术，其发展的宗旨为：提高效率，压缩成本，增加产量，减少能源消耗和环境污染，产品创新与可持续发展。在共同努力下，2008 年美国产业用纺织品市场增长至全行业市场的 43%，家纺家居市场则保持 37% 不变，服装市场则有明显萎缩，从 1998 年的 38% 下降至 2008 年的 20%。

加强基础研究是美国政府的一项重要政策。基础研究是美国技术创新成果的源泉，是美国科技领先地位的基础。长期以来，美国基础研究占全国科研开发经费的比例基本保持稳定。在美国，基础研究将近 60% 是在大学进行的，因此，支持大学的研究工作，增强大学的研究能力，改善大学的研究设备，是美国联邦政府的一项重要的科技政策。因为大学通过研究和教学，不但创造研究成果，而且为美国的科技发展，特别是高技术的发展提供所需的人才。美国政府为了增强大学的研究能力，从 1985 年起开始在大学兴办工程研究中心，这些中心的建立将大大增强大学的研究能力，并将有才华的青年人吸引到科研工作上来，培养出国家所需的科技人才。

在美国经济中，中小企业起着重要作用。中小型技术企业在美国的技术创新活动中和新技术的商品化中也起着重要作用。从 20 世纪 80 年代开始，美国通过“小企业创新研究计划”等政策加强对小企业技术创新活动的支持，充分调动小企业对技术创新和技术扩散的积极性，增强小企业的研究开发能力。

（二）我国新型高分子材料产业促进政策分析

1. 塑料

塑料行业《“十二五”发展规划指导意见》进一步指明了我国塑料制品制造业发展方向，并将更好地适应国家经济发展需求，以及配套、服务、应用于越来越多的行业及领域。其特点主要包括以下几方面：

（1）塑料制造业有新定位。

塑料制造业概念将从较单一的为消费者提供消费品的传统民生产品

制造业，向更全面的为人类社会经济发展及人类生活提供生产、生活材料的新兴制造业转变。塑料制造业将是以制品加工为核心，涵盖原料制造，机械、模具制造，助剂化工品制造以及产品形象、功能设计等多个行业的新兴制造业。这更加符合塑料作为高科技含量的新兴材料应用、服务、配套于民生、工业、农业、交通运输、电子信息、建筑、国防军工等领域的定位。

（2）塑料制造业将快速向国民经济新的支柱产业发展。

按数据统计，2010 年中国塑料制造业工业总产值占当年国内生产总值的 3.35%，而国内巨大的应用领域及需求市场为塑料工业发展展现更大的空间，十分有利于定位于新兴制造业和新材料的塑料工业向新的国民经济支柱产业发展。

（3）加快塑料行业科技进步。

中国塑料行业现状是规模大，但在产品科技含量、高附加值、绿色环保概念等方面与国际先进水平有差距。塑料制造业将围绕“高性能化、复合化、环保化、信息化”加快行业技术进步，以高新技术改造传统材料、产品、设备、工艺，在尽可能短的时期进一步缩小与国际先进水平的差距。

（4）合理、科学的发展模式以及产业、产品结构。

塑料加工工业将注重在生产使用过程中的环境保护及节能减排。将加快新型环保材料研发，从源头减小产品废弃率（不可降解），鼓励支持塑料循环利用产业的发展，扩大废弃塑料（不可降解）的回收率和再加工利用，减少塑料废弃物对环境的污染，推广生产、应用新型节能环保设备和旧设备的节能改造，推动塑料制造过程中的节能减排，使中国的塑料制造业真正向绿色环保的方向发展。

另外，随着“十二五”塑料产业区域布局优化的努力，我国中部、西部、东北等区域塑料行业规模将有更大的发展，将更多地承接沿海地区塑料产业转移。华南、华东地区塑料制造业将在品牌建设、高端产品制造等方面有新的发展。

2. 橡胶

经过多年的发展，我国已经成为世界橡胶工业大国，但还不是橡胶工业强国，要实现未来持续、稳定、健康良性发展，关键仍是经济结构的调整优化。提升传统产业，加快推进产业转型升级[①]。

（1）加强企业技术进步，坚持自主创新和发展特色产品。

轮胎：重点实现绿色轮胎产业化。发展具有低滚动阻力、低燃油消耗、出色的操纵稳定性、更短的制动距离、更好的耐磨性的节能、环保、安全轮胎。

与汽车产业的发展相匹配，国际轮胎产业对“低碳绿色节油”提出了更高要求。欧盟“轮胎标签法”自2012年11月1日起强制执行；日本于2010年就开始实行自愿的轮胎标签制度；韩国也推出了轮胎标签制度，并从2012年11月起强制要求；美国早在六年前就已经通过了包含轮胎标签规定的法律；巴西则正在酝酿制定类似的轮胎标签法；我国也正在研究制订绿色轮胎技术标准，核心内容将与发达国家接轨。

管带及其他橡胶制品：开发汽车工业所需的高速耐高温同步带等高新技术传动带，开发能够满足煤矿工业所需的井下用分层织物芯输送带及低烟低毒井下用阻燃输送带，将直经直纬带芯输送带工业化，提高管状输送带和高倾角输送带等新型输送带技术水平，进一步提高耐热输送带等级和延长使用寿命。

提升汽车用胶管制造技术和产品性能，填补国内高档汽车用胶管的空白。加快高压钢丝编织胶管和缠绕胶管的更新换代速度，提高脉冲寿命。研究开发海上输油胶管、高压钢丝增强树脂软管、无噪声汽车刹车胶管、节能胶管、薄壁胶管和轻体胶管、耐特殊介质和环境胶管等。进一步推广无铅胶管工艺。通过改进工艺，减少消耗，降低生产成本，实现胶管轻量化和产品特色化。

橡胶制品行业要加快汽车橡胶配件产业及公路、铁路、水利和建筑

① 邓雅俐. 中国橡胶行业现状及发展趋势［J］. 中国橡胶，2012.

等基础设施橡胶制品的研发和应用，鼓励自主研发，提高产品档次和水平，形成特色鲜明的系列产品。瞄准世界先进水平，加强与各类主机厂的同步开发能力。生产企业应该建立不同层次的产品平台，做好技术储备，变被动开发为主动开发。向产品专业化、生产规模化、管理效率化和体制集团化的跨地区企业集团发展。

配套原材料：积极开发和应用天然橡胶替代品，加强异戊橡胶的开发和应用，加快杜仲高产橡胶的培育速度和规模，开发和研究应用其他橡胶资源。

要加快低滚动阻力炭黑和功能型炭黑新品种研发推广应用工作，开发市场急需的高性能炭黑、低滚动阻力炭黑和汽车用橡胶制品专用炭黑新品种；开发生产性能更好的色素炭黑和导电炭黑功能性新品种。

（2）推进企业兼并重组，优化产业组织结构。

目前，我国橡胶工业企业和国际同行相比，数量众多，规模普遍偏小，大部分不能发挥规模经济效益，更缺乏品牌竞争力。这是我国橡胶企业竞争力不强的重要原因之一。目前，我国有轮胎企业500多家，而日本只有5家，美国轮胎企业，包括日本、欧洲在美的外资企业，也只有十几家企业40多个工厂。全世界的橡胶企业加起来，也没有我国多。

从国际跨国公司的经历看，兼并重组历来是企业做大做强的重要途径。日本目前的轮胎企业构成，是经历了60年兼并重组的结果；美国轮胎行业也是经历了多次的兼并重组才有了现在的格局。因此，积极实施兼并重组，优化产业组织结构，通过壮大主业、资源整合、业务流程再造、资本运作等方式，培育发展一批具有自主知识产权、主业优势明显的大型企业集团，进一步提高企业竞争力和资源配置效率，做响品牌，是我国橡胶工业做大做强的重要选择。

（3）推进工业化和信息化的融合，提升橡胶工业的信息化、自动化水平。

信息化时代，现代信息技术是改造提升传统制造业的最有效手段。近年来，一些跨国橡胶公司在信息化、自动化方面对传统的橡胶工业生产有了颠覆性的变革，极大地提高了生产效率和管理水平。我国制造业在信息化建设上起步较晚，但近几年来，信息化管理在橡胶工业上的应用取得了进展，已经成功开发多种企业原材料采购、生产计划、财务、销售、售后服务等软件，在部分企业应用；部分橡胶机械和制造工序实现数字化控制，节约人工，提高效率，效果显著。但与国际先进水平相比，差距还很大。最近我国也有企业正在筹划上马建设智能化工厂，引进全自动化生产线，提升数字化、信息化和智能化水平。

（4）大力发展节能减排技术和材料。

大力发展新型节能降耗技术与装备，积极推广充氮硫化工艺，强化密炼粉尘和硫化烟气的治理，利用先进自动控制技术改造现有流程。积极开展可回收材料、环保型助剂、橡胶骨架材料（包括钢丝、芳纶、聚酯等新型骨架材料）、专用炭黑等轮胎新材料的研发与应用。提高轮胎的翻新率以及废旧轮胎综合利用水平。

（5）加强质量品牌建设。

市场竞争一靠质量，二靠品牌。我国橡胶工业在市场竞争中，一个突出的薄弱环节是品牌影响力和竞争力不足。品牌竞争力，要靠质量、信誉，还要靠打造。以改善品种质量，发展绿色、高性能产品，将科技创新和打造品牌同步推进，鼓励企业制定品牌发展战略，引导企业推进品牌的多元化、系列化、差异化，鼓励有实力的企业积极收购国外品牌。重点培育一批具有国际影响力的自主品牌，全面提高产品的档次和市场竞争力。

3. 纺织品

《产业用纺织品“十二五”发展规划》的推出为我国产业用纺织材料的发展指明了方向，其具体的发展目标包括：纤维加工总量稳步增长，自主创新能力明显增强，产业配套环境逐步改善，行业发展的质量和效率大幅提高。国家对产业用纺织品提出了具体的要求，其主要发展任务所涉及的领域要与国家发展的其他产业密切相关，真正在产业交叉、优势互补的基础上实现国民经济整体的发展目标。其主要措施为：

（1）加快自主创新，突破技术瓶颈。

加强产业用纺织品基础技术研究，支持纺织科研院所、高校与应用领域研究机构联合开展加工理论以及应用特性分析研究，实现基础加工技术和应用评价技术的突破，为产业化应用创造条件；加快织造和非织造成型技术装备开发；加快功能性后整理技术装备开发。

（2）促进产需衔接，完善产业配套。

发展产业用纺织品专用纤维为重点，降低纤维生产成本，提高纤维的耐热、耐腐蚀、抗氧化等功能是其主要的任务。开展生物质纤维的开发应用研究，满足医疗与卫生用纺织品、结构增强用纺织品等对纤维原料的需求；推进产业用纺织品材料与终端制品的协同开发，注重与设计单位及终端用户的协调沟通，推进产业用纺织品企业与终端制品企业的联合与融合，实现产业用纺织品与终端制品的协同开发，完善产业链配套；提高为终端制品及工程用户服务的能力。

（3）完善平台建设，增强服务功能。

推动研发与检测认证服务平台建设，强化产品检测和质量监督，保障产品使用安全。推动建设以骨干龙头企业为主体，大专院校、科研院所为技术支撑，配套和设计应用单位参加的产业技术联盟，加快技术创新和成果转化；加强行业信息咨询服务，构建行业信息平台。完善标准管理体系，加大标准化工作力度，支持标准化工作机构建设，加强配套测试方法标准的制修订，推动实现标准术语与检测方法的协调统一。

（4）优化产业结构，促进集约发展。

提高量大面广类产品的质量和技术水平，丰富产品品种，增加产品功能，拓展高技术含量、高附加值产品的生产应用、组织工程示范，满足相关领域应用需要；增强骨干企业实力，加强现代企业制度建设，推进企业管理创新，支持企业按照终端产品应用和市场准入要求，完善质量保障体系建设，开展企业资质认证。鼓励产业用纺织品企业与相关上下游企业间的并购、重组、联营，形成一批大型骨干企业，提高企业对全产业链的影响力；促进特色产业集群发展，优化产业区域布局，以市场需求为导向，依托已有产业基础和相关技术资源，加强区域协调配套，形成东中西部优势互补的区域布局。

（5）推动节能减排，注重资源循环利用。

加快产业用纺织品专用纤维回收技术的开发，利用技术，提高回收再利用纤维的能力，发展产业用回收再利用专用纤维。研究安全与防护用、过滤与分离用等产品中的废旧高性能纤维及边角料的回收再利用技术；加强回收再利用纤维在产业用纺织品中的应用。完善节能减排制度管理，注重清洁生产技术开发。扩大先进技术装备应用比重，加强生产过程余热、废水回收利用。

四、国内外金属新材料产业促进政策分析

（一）国外金属新材料产业促进政策分析

1．美国

美国率先制定了铝工业技术路线图[①]，并于2003年和2006年进行了修订。根据阶段性的目标，提出了不同的主要技术研发需求和主要任务，甚至明确提出确保2020年北美铝业成为世界上公认的提供创新和基于材料的节约方案的世界领跑者的地位。

经过多年的发展，国外铝工业利用世界范围内的不同优势资源，逐步实现了产业分工，在全球范围内催生出一批大型的铝业跨国公司，在运营过程中积累了丰富的经验。美国铝工业协会在2001年制定了“铝工业远景规划”，提出了雄心勃勃的战略目标——“到2020年，在创新性地提供材料的使用和解决方案方面（建立在铝材料可持续发展基础上），以及向客户提供最优价值方面，成为全球公认的领导者”[②]。为了实现这一目标，美国铝工业协会制定了《铝工业技术指南》，以及相继出台了《惰性阳极技术指南》《赤泥处理技术指南》《氧化铝技术指南》等多个技术指南，通过

① 张小琴，唐维学．美国与加拿大铝工业技术路线图案例浅析［J］．广东科技，2008，10：81－85．

② 刘援朝．浅析美国铝工业技术创新发展战略［J］．世界有色金属，2006，3：14－17．

这些指南的推动，提高了美国技术研发项目的经济效益。

美国一直是新能源领域的领先发展者，自2000年起相继出台了各种能源研究报告和政策报告，逐步将氢能发展到最重要的能源发展方向。美国从2004年开始组织了20余所大学、国家实验室和研究中心主攻高容量储氢材料与技术研究，美国能源部投资1.5亿美元。2011年12月12日，美国能源部宣布投入超过700万美元用于燃料电池电动汽车先进储氢技术的四个项目的研发，这四个项目分别由太平洋西北国家实验室、HRL实验室、劳伦斯伯克利国家实验室和俄勒冈大学承担。这些项目旨在开发新材料和能满足高效、安全运输的新式储氢罐，从而降低储氢系统的成本并提高其性能。

《氢能研究与发展、示范法案》于1990年在美国得到了通过，指导美国能源部一系列氢能研究项目的启动。2001年后，更是将发展氢能作为其能源政策的一个重要方面，为实现向氢经济的过渡，政府还特意先后制定了多项氢能研究计划。2002年，美国能源部相继出台了《国家氢能路线图》《美国向氢经济转变的国家远景：到2030年及以后》等报告，并启动和支持“氢能源、燃料电池基础研究项目”。该项目由工业领域、科研领域和国家实验室共同参与，内容包含发展燃料电池、分布式能源的下一代技术、氢以及进行一个大规模的关于氢能源优势的教育活动。美国又于2003年2月推出了“自由汽车和氢燃料计划”。该计划总额为12亿美元，包括两个项目：制造和运输技术的自由燃料计划、研究氢燃料的提取，以及赞助汽车商进行用燃料电池替换燃烧石油的内燃机的自由汽车计划与氢燃料汽车研发。《氢态势计划：综合研究、开发与示范计划》于2004年2月由美国能源部推出。该计划的目标是将能源部正在进行的和将来实施的氢能研究和开发活动综合为一个重点氢计划，综合基础设施开发技术（包括存储和运输）、氢生产技术（从核能、石化能源和可再生能源）和用于固定运输用途的燃料电池技术，实现向氢经济过渡的技术目标。《氢态势计划》确定了将花费数十年的时间完成向氢能源系统的全部过渡，且需要所有机构进行密切合作。过渡时期大约将经历4

个互相关联、重叠的阶段，计划到2040年基本实现向氢经济的过渡：①技术研究、开发与示范阶段（2000—2015年）；②初步市场化过渡阶段（2010—2025年）；③基础设施建设与投资阶段（2015—2035年）；④氢经济的实现阶段（2025—2040年）。确定了向氢经济过渡的第一阶段的技术研发目标，主要包括氢生产技术目标；氢存储技术目标；氢运输技术目标；氢转化技术目标；氢利用技术目标；教育、安全、法规与标准目标。其中氢存储技术的目标是：到2006年，缩小氢存储选项的选择范围以实现2010年的目标；2010年，开发和试验氢存储系统以达到氢与存储装置的6%，能量密度为1.5kW h/h；2015年，开发和试验氢存储系统以达到氢存储装置的9%，能量密度为2.7kW h/h[①]。

2. 日本

化石燃料资源日益枯竭和生态环境日益恶化的现状已对全球的可持续发展构成巨大压力。因此，发展和应用清洁能源在解决能源问题中具有举足轻重的地位。氢能作为完全清洁、易于实现与电和热等的转换、资源丰富的能源载体，被认为是21世纪最具有发展潜力的新能源之一。随着镍氢动力电池类混合动力车成为当前新能源汽车的主流产品，作为镍氢动力电池负极材料的储氢合金粉需求自然不断上升，受到了各国政府的高度重视。

日本也制定了相应的氢能发展规划，从1993年到2020年，新阳光计划的研究经费为15 500亿日元（约合150亿美元），即每年的费用为550亿日元（约合5亿多美元）。日本于2008年在通商产业省设立了高容量储氢材料重大基础研究项目“HydroStar”，5年内研究预算达到7亿5 000万日元，实际上日本政府2008年合计投入为7亿5 000万日元，2009年为9亿1 000万日元。

日本政府认为通往氢经济的大门是燃料电池，日本政府以发展燃料电池带动氢能的发展。1993年，日本政府制定了新阳光计划，计划明确

① 朱相丽. 国外储氢材料的研究现状［J］. 透视，2007，3：54－60.

到2020年的投资额，计划用30亿美元开展氢能关键技术（储氢技术、氢燃料电池发电技术、高效分解水技术）的研发，并计划在2020年，实现拥有500万辆燃料电池汽车和建成10 000MW的固定燃料电池系统的目标。日本一些主要汽车制造商和经济产业省于2002年启动了氢和燃料电池示范性项目（JHFC）。JHFC项目的主要目的是要在东京地区建立氢补充站11个，2004年已经建立9个站。这是几个利用了不同技术的加油站，比如石脑油重整、汽油的重整、氢氧化钾分解、甲醇的重整、液化储氢等技术、高压气态储氢。JHFC项目现已开始测试燃料电池汽车的可靠性、性能数据、燃料的消费情况。2006年，日本政府的预算申请中投资17亿日元建立了一个新的国家氢材料研发实验室，第二期燃料电池系统的示范项目（JHFC2）投资了14亿日元。经济产业省氢能燃料电池的研发主要集中在NEDO机构。1980年，NEDO成立最初开发了新的可替代油技术，并于2003年申请成为独立法人机构，主要负责R&D项目的组织和管理、项目管理和事后技术评估。NEDO在储氢材料相关的研发活动方面主要有两个项目，分别是：在1993—2002年间，开始世界氢能源网络（WE－NET）计划；2003—2020年，开展氢能安全利用等基础技术的开发项目，主要针对氢能源基础设施的推广和扩散。2005年2月，日本NEDO的燃料电池·氢技术研发部发布了《储氢材料项目》，报告中详细介绍了氢能安全利用等基础技术的开发项目中各种储氢材料达到的技术目标值以及实现的进程①。

据查明，日本没有稀土资源，所以他们的稀土完全依赖于进口，而日本是全球最大的稀土消费国之一，每年的稀土消耗量约3万吨，每年需要进口稀土化合物2万吨以上，此前进口稀土总量的80%以上来自于中国，其余从美国、俄罗斯、马来西亚及巴西进口。

而稀土价格飞涨无疑给日本稀土永磁行业带来了莫大的打击，所以寻求新的进口渠道势在必行。2011年底，日本首相野田佳彦在访问印度

① 朱相丽．国外储氢材料的研究现状［J］．透视，2007，3：54－60.

时，与印度签署了一系列经济合作协议。其中最引人注目的是，双方达成了共同开发稀土的协议。根据该协议，印度资源公司将直接向日本丰田通商提供稀土矿石，再由丰田通商进行精炼。这项协议可以保证日本进口稀土量的大约10%，这无疑大大减小了日本稀土永磁行业的压力。

目前，日本东北大学研究生院等科研机构团体宣布，已成功开发出一种无需稀土即可获得强磁力磁铁的基础技术。这种“无稀土磁铁”的磁力可匹敌用于混合动力车的发动机和家电的钕磁铁磁力，预计到2025年前后该技术能真正被利用起来。据了解，这种磁铁主要由铁和氮物质合成，无需从中国进口钕等稀土矿，无需承担供应风险。这将意味着日本比其他国家领先，首次成功合成“强磁性氮化铁”。大约在40年前，强磁性氮化铁已被看好，由于纳米合成技术成为可能，该研究取得巨大发展。由生产磁性材料的户田工业（位于广岛县）提供此次研制成功的强磁性氮化铁所需的原料，由东北大学研究生院的高桥研等教授开发合成技术。据了解，丰田汽车等将协助该研究作为独立行政法人新能源产业综合开发机构（NEDO）的项目，今后共同提高强磁性氮化铁的磁力的持久性和耐高温性。

3．欧盟

在燃料电池研发方面，欧盟也进行了投资。从总体上看，投资力度比日本和美国低。在第四框架计划（1994—1998年）中，欧盟投入了5 400万美元于35个燃料电池项目。其中，获得资助最多的项目是质子交换膜燃料电池研发，约为3 000万美元。在第五框架计划（1999—2002年）中，欧盟用低于3 000万美元的总预算资助了10个燃料电池项目，其中汽车项目资助了1 240万美元。在第六框架计划中，燃料电池也被欧盟列为优先发展领域。与美国、日本那样高度重视客车的示范不同，欧盟把重点放在大量运输应用上，而在这方面，欧盟可能更具有竞争力。第七框架计划（2006—2013年）在氢和燃料电池领域增加了以下研究方向：为欧盟燃料电池和氢工业提高技术基础；开发应用在固定的、便携式的设备以及交通运输等方向的氢和燃料电池技术，并加强储氢技术和材料研究。

欧盟氢与燃料电池工作组于2003年11月完成《氢能与燃料电池——我们的未来远景》报告，在报告中制定了欧洲氢能源研究利用的战略研究议程、发展战略、政策框架和路线图等。该报告提出的欧洲氢和燃料电池路线图规定，到2050年，经历3个阶段，基本实现向氢经济的过渡。欧洲向氢经济过渡需要经历如下3个阶段：

①短到中期阶段（2000—2010年），采取的主要行动有：a. 改进化石燃料技术的效率和化石液化燃料的质量；b. 加强用可再生能源生产电力，可以用这些电力电解水生产氢，或直接进入电力供应网络；c. 在适当的市场引入氢和燃料电池的早期应用，通过示范刺激市场、加强公众接受和体验，并发挥现有氢管线系统的优势；d. 发展固定和移动应用的燃氢内燃机，支持氢基础设施的早期推广；e. 增加天然气和生物质合成液体燃料的使用，这种液体燃料既可以用于传统的燃烧系统，也可以用于燃料电池系统。在此期间需要开展大量的有关解决关键技术瓶颈（例如氢存储、生产和安全，以及燃料电池运行费用和耐久性）的基础研究。

②中期阶段（2010—2020年），采取的主要行动有：a. 在燃料电池中继续直接使用化石能源液化和气化燃料，继续改造化石燃料（包括煤）制造氢，使向氢经济的过渡成为可能，同时捕捉和封存CO_2。因而可以利用上述途径生产出来的氢适当调整传统的燃烧系统、氢涡轮机和燃料电池系统，减少温室气体和污染物排放。b. 开发和使用通过可再生电力和生物质生产氢的系统，并继续研究和开发零碳能源资源，例如太阳热能和先进的核能。c. 继续增加来自生物质的液体燃料的使用。

③中到长期阶段（2020—2050年），在此阶段对电力的需求将持续增长，而氢将补充这种需求。通过引入可再生能源和改良的核能能源，用电力和氢能源载体一起逐渐替代基于碳的能源载体。扩张氢配给网路，并选择其他环境优良的燃料[①]。

① 朱相丽. 国外储氢材料的研究现状［J］. 透视，2007，3：54－60.

近几年，随着稀土资源的开采和消耗，稀土储量已经下降。国外主要的稀土矿山有美国的芒廷帕司稀土矿和贝诺杰稀土矿、加拿大的托尔湖和霍益达斯湖稀土矿、澳大利亚的韦尔德山稀土矿和诺兰稀土矿等。根据美国联邦地质调查局的公开资料，截至2008年底，世界稀土金属储量8800万吨（以稀土氧化物REO计，下同），其中，中国2 700万吨，独联体国家1 900万吨，美国1 300万吨，澳大利亚520万吨，印度110万吨，其他国家合计2 200万吨。

美国与欧盟于2009年9月23日向世界贸易组织（WTO）提起关于中国限制出口稀有金属问题的诉讼。美国贸易代表柯克表示，美国也于23日就这一问题向WTO提出“坚持我们的利益，这样美国工业生产商才能获取公平竞争的环境，更多的美国工人才能重返岗位”。柯克称：“中国是全球稀有金属的供应国，允许美国使用这些原料对美国工业生产商而言至关重要。”与此同时，欧盟在一份声明中称：“欧盟23日提请WTO审查有关中国限制出口几种主要的稀有金属问题，这一决定违背了国际贸易准则。”

随着我国稀土出口的进一步限制，同时致使稀土原材料价格的进一步上涨，致使美国、澳大利亚、加拿大、印度及东南亚等国重新或者加大对稀土矿的开采，全球稀土多元化有望形成。

（二）我国金属新材料产业促进政策分析

1. 铝合金

2012年5月，国务院通过《“十二五”国家战略性新兴产业发展规划》，明确了节能环保产业、新材料产业、生物产业、高端装备制造产业、新一代信息技术产业、新能源产业和新能源汽车产业等七大产业的发展方向，这个政策成为继工信部发布《有色金属工业“十二五”发展规划》及子规划《铝工业“十二五”发展规划》《新材料产业“十二五”发展规划》《工业转型升级规划（2011—2015年）》等政策性文件之后又一有利于铝加工行业的发展规划。随着国家产业政策、产业结构调整以及消费者对产品品质要求的提高，铝加工业粗放型、附加值低的现状逐步改变，跨越以数量增长为特征的初级发展阶段，开始进入以提高产品内在质量、丰富产品种类、依靠综合实力参与市场竞争的新阶段。

随着全球经济回暖和低碳经济时代的到来，对轻质高强韧性结构材料的需求与日俱增。2012 年工信部发布的《新材料产业“十二五”发展规划》（以下简称《规划》）中表明，我国“十二五”期间将大力发展新材料产业。《规划》中将轻质高强铝合金材料视为重大装备关键配套金属结构材料，并将开发以铝、镁合金为代表的高端金属结构材料关键技术和装备作为未来发展的重要方向。该《规划》的重点是促进企业创新，鼓励企业优化产品结构，升级产业，提升高端产品比例，为行业中长期发展打好坚实的基础。《规划》的制定实施有利于我国新材料产业的快速发展，为国家低碳经济环保节能做出贡献。

2．储氢材料

2011 年，50 多位权威专家在以“氢能科学与技术的发展与战略”为主题的香山科学会议上指出，“氢能经济的实现必将推动下一次工业革命，从而对国民经济及人们的生活方式带来巨大影响”。我国必须提出自己的发展战略，需要制定国家级的氢能路线图①。国家级氢能路线图是从国家战略层面上制定氢能产业的发展战略，确定氢能源材料、核心技术、应用领域、产业布局等发展方向，并预见其对国民经济生活产生的变化和影响。专家们认为，氢能的利用，不能局限于氢内燃机和氢燃料电池领域，还应通过分布式功能等其他方式利用于国民生活的方方面面。除了开发氢能利用途径外，国家还应整合氢能领域各个方向的优势力量，设立多项氢能领域国家级项目，项目应包括基础科学研究与工程应用研究等，使得我国能够尽快在氢能领域上获得重大突破，为我国经济可持续发展发挥作用②。

就中国而言，政府也对储氢合金粉产业提供了政策支持并采取激励

① 李宏乾．氢能发展呼唤国家级路线图［N］．中国化工报，2011，10（2）．

② 顾钢．国外氢能技术路线图及对我国的启示［J］．国际技术经济研究，2004，4：37．

措施。国家中长期科学和技术发展规划纲要（2006—2020年）将氢能和储氢材料研究列为重要研究内容。同时，我国应重视借鉴发达国家对储氢合金粉产业支持的经验，管、产、学、研紧密合作，各司其职。

3. 磁性材料

自2006年以来，中国一直在根据国内法律法规对稀土产业采取必要的管理和限制，这一“稀土新政”引发了全球对稀土的关注，开辟新的稀土生产点和供应链成为全球性的问题[①]，而稀土永磁材料作为稀土功能材料的重要组成部分，自然受到各国政府的高度重视。国外发达国家主要通过以下政策促进本国磁性材料产业的发展：①美国、欧盟、日本多次就中国限制稀土出口问题向WTO提起诉讼，向中国施压，希望中国政府改变现行的稀土出口政策，确保获取廉价的稀土资源。②加强技术创新，寻找稀土替代原料并积极探测新的稀土资源。例如日本已开发出一种“无稀土磁铁”以及在深海淤泥中探测到含有大量稀土资源。③拓宽稀土进口渠道。发达国家从主要依赖中国的稀土资源逐步向其他发展中国家进口。④磁性材料工业向发展中国家转移。由于磁性材料工业的劳动强度大、耗电量大等特点，向发展中国家转移更有利于获取更高的利益。

我国的《新材料产业“十二五”发展规划》为磁性材料产业提出了一系列高附加值产品的产能增长目标。该《规划》主要从三个方面着手提振发展稀土磁性材料产业：首先从总量和发展速度入手提振产业，5年稀土磁性材料总需求量为4万吨，新增产能2万吨/年，产值年均增长率25%以上；其次从下游需求向上拉动稀土磁性材料产业的发展，大力发展新兴能源电动汽车，5年风电新增装机6 000万kW以上，电动汽车累计销量50万辆；最后从产品层次上优化产品结构，鼓励生产具有核心竞争力的磁能积加矫顽力大于65的永磁材料，建成一批新材料工程技术研

① 孙章伟. 稀土贸易和管理政策比较研究——以日本、美国、中国为例［J］. 太平洋学报，2011，19（5）：50－59.

发和公共服务平台。此次出台的规划政策，重点鼓励企业产业升级，促进创新，优化产品结构，提升高端产品比例，为行业中长期发展营造良好的环境，有利于促进我国新材料产业，包括磁性材料产业的快速发展，为国家低碳经济环保节能做出贡献。

在科技强国、经济转型大背景下，国家一方面限制稀土出口，同时鼓励稀土新材料和稀土应用产品的快速发展。为推动国内稀土材料体系技术进步，国务院于2010年10月发布《关于加快培育和发展战略性新兴产业的决定》，明确大力发展稀土功能材料等新型材料，将稀土功能材料提升到战略高度。而稀土永磁材料作为稀土功能材料的重要组成部分，在具有明显稀土优势的国际大环境下，在政策的大力支持下，给国内磁性材料的发展带来了新的契机。

国内磁性材料产业的发展与国家政策息息相关，能够正确地解读国家的政策、法规，对于磁性材料产业来说至关重要，表3－3就近几年国家政策对于磁性材料的发展做了简要的论述。

表3－3　国家的政策对磁性材料产业发展的影响

出台时间	政策措施	影响
2008—2009年	家电下乡政策，摩托车下乡，汽车下乡	刺激消费，扩大了磁性材料需求
2009年4月	国务院办公厅出台了《电子信息产业调整和振兴规划》，提出今后两年要围绕计算机、电子元器件、视听产品、集成电路、新型显示器件、软件、通信设备、信息服务、信息技术应用等9个重点领域，确保产业稳定增长、战略核心产业实现突破、通过新应用带动新增长三大任务	振兴规划有力地拉动磁性材料需求

续表 3－3

出台时间	政策措施	影响
2009 年 6 月	发改委、财政部、商务部、工信部和环境保护部共同颁布了《促进扩大内需鼓励汽车、家电“以旧换新”实施方案》。补贴范围包括电视机、电冰箱、洗衣机、空调、电脑 5 类家电产品	刺激了磁性材料下游应用市场消费
2009 年 7 月	发改委关于完善风力发电上网电价政策的通知，规范风电管理价格	促进风力发电产业健康持续发展，为磁性材料营造了稳定发展的环境
2009 年 12 月	国家能源局在第五届中国能源战略高层论坛上表示国家将加快千万千瓦级风电场的建设，尽快形成每年 1 000 万千瓦级以上的自主装备能力，力争在 2010 年前后风电装机突破 2 000 万千瓦，2020 年达到 1 亿千瓦	未来风电装机容量高速增长，有效拉动磁性材料需求
2010 年 5 月	国务院出台了《关于进一步加大工作力度确保实现“十一五”节能减排目标的通知》，指出全面推广节能汽车、节能电机等产品，继续做好新能源汽车示范推广，5 月底前有关部门出台具体的实施细则	该政策刺激节能电机快速发展，是磁性材料的新增长点
2010 年 5 月	财政部、科技部、工信部、发改委联合出台《关于开展私人购买新能源汽车补贴试点的通知》，确定在上海、长春、深圳、杭州、合肥等 5 个城市启动私人购买新能源汽车补贴试点工作	该政策将有效拉动新能源汽车需求

续表 3－3

出台时间	政策措施	影响
2010 年 6 月	发改委出台《关于印发节能产品惠民工程高效电机推广实施细则的通知》，采取财政补贴方式推广高效电机，补贴额度在 15 ～ 60 元/kW 不等	电机、磁性材料将从中受益
2010 年 10 月	国务院发布《关于加快培育和发展战略性新兴产业的决定》，明确大力发展稀土功能材料等新型材料，将稀土功能材料提升到战略高度	稀土永磁材料迎来了新发展
2011 年 5 月	国务院发布《国务院关于促进稀土行业持续健康发展的若干意见》，提出要采取有效措施，切实加强稀土行业管理，加快转变稀土行业发展方式，促进稀土行业持续健康发展	稀土行业的整合，为稀土永磁行业原材料提供了稳定的供应

资料来源：课题组收集整理。

第三节 国内外新材料产业促进政策案例

一、韩国光电信息材料产业促进政策案例分析[①②]

20 世纪 80 年代，韩国政府制定了向创新驱动型经济过渡的国家政策。20 世纪 90 年代中期，韩国提出发展国家信息基础设施和 IT 工业的 KII 计划，韩国科技部（MOST）在 1995 年提出“The G－7 HAN（Highly Advanced Nation）Project”计划，意在促使韩国发展成为能与工业强国——七国集团一样具有高度先进科学技术的国家。

1995 年 G－7HAN 专项给予平板显示的资助为 1 000 万美元，1996 年，韩国科技部提供了 400 万美元的基金，贸易、工业与能源部（MOTIE）提供了 380 万美元，另有 880 万美元由 EDIRAK 成员提供。1997 年总资助上升到 7 160 万美元。资源统一由 EDIRAK 支配，政府方面 MOTIE 负主要监督责任，MOST 配合。

2000 年韩国政府提出 174 项待研究的核心技术，政府投资了 1.2 亿美元用于研发。这些技术包括：下一代互联网、光纤通信、数字广播、无线通信和计算机软件等。平板显示也是其中一个子项目。政府针对这些项目改进了奖励制度，导致在国内外 1 000 多项专利的申请。政府督促帮助建立有效的研究管理制度，以便有效地利用 R&D 基金，同时政府投入的基金集中于创新技术的开发，以形成国家未来持续发展的竞争力。政府在 2001 年上半年投资 8 840 万美元支持中小高技术企业的研发活动。在政府政策的引导下，韩国 2001 年在 IT 上的投资总额达到 400 亿美元[③]。

① Greg Linden, Jeffrey Hart, Stefanie Lenway. Advanced Displays in Korea and Taiwan Province. Working paper 109, submitted to Industry & Innovation, December 1997, Copyright 1997, BRIE.

② 黄桢. TFT－LCD 驱动技术持续升级，申请中国专利数量增速加快［N］. 中国电子报，2009 年 3 月 17 日 6 版.

③ 来源：韩国网络和信息中心（KRNIC）。

2002年韩国产业资源部公布“平面显示器产业发展计划”，明确重点发展LCD、PDP和OLED，出口价值要达到315亿美元，设备和材料自制率从2001年的20%～40%增加到2010年的80%。2005年韩国科技研究费用投入为235亿美元，占GDP比重的2.99%。其中政府投入占24%，私营企业投入占76%。而且，韩国政府从2002年到2012年，每年拿出1700万美元用于开发下一代显示器技术，250万美元支持设备开发，60万美元给韩国电子技术协会，协助液晶显示器件相关业者的交流与发展，并出资5 100万美元成立工程技术开发中心、零组件与材料中心和人才培养中心，投资7.4亿美元支持建设光州光电子工业带。韩国相应的财税政策非常到位，对液晶显示器企业所得税实行“七免三减半”。

在TFT－LCD产业的发展上，韩国政府在20世纪90年代介入其三大财团企业——三星、现代和LGD，并通过不同的途径建立了TFT－LCD的生产线和产业链。有一些政府基金加速了这种投入，如对库米（KUMI）科学园区内LCD相关研发机构的补贴资助、LCD工程师的培训支持等。

政府重视技术教育，对研发工程师和技能工人的培训提供支持；至于产业投资主体——财阀体系，政府从朴正熙时代开始通过优惠贷款和税费减免，扶持少数大型家族企业迅速成长为跨越某些行业的、上下游产业链垂直整合的大型跨国公司。其中最大的四个是三星、LGD、现代、大宇。据韩国媒体2008年5月15日报道，韩国知识经济部长称，韩国政府将重点关注下一代显示技术，协助本地公司开发关键零组件和材料，扩展制造商之间的合作。实行的首要策略是鼓励本地公司向对手购屏，代替从外国进口，政府帮助安排三星和LGD相互采购面板——三星向LGD购买37寸屏，LGD向三星购买52寸屏。这样的协议将提升本地生产量，帮助国家进出口贸易平衡，提供更多的商机给零部件供应商。此外，政府推动企业共同研究开发目前依赖于进口的关键零组件和材料。韩国企业和实验室将进行产学研合作，共同研制下一代测试仪器。知识经济部官员说，到2012年，韩国显示面板出口额已经超过650亿美元，韩国制造的显示屏在世界市场上的占有率达42%，同年，本地制造的零组件供货比例从2007年的40%上升到50%，预计到2017年显示屏所有零部件的大约70%将由本地公司制造，至少在行业内新增20万个工作岗位。韩国的目标是：显示面板产业在2017年至少占有全球45%的市场份额。

在2008年的国际金融危机中，韩国政府不惜使用让韩元汇率重贬的双面刃，让出口为重的三星价格竞争力大增。2009年9月22日，在首尔证券交易所的三星电子股价再创新高，以1 102.4亿美元的市值超越美国半导体公司英特尔，三星电子的市盈率仅为13倍，而英特尔却高达45倍，然而一年前，三星的总市值仅为当时英特尔的四成。在此之前，三星已追过索尼、诺基亚，中国台湾媒体惊呼：韩国经济逆转胜的秘密，在三星！

二、日本稀土材料产业促进政策案例分析

全球科技发展日新月异，人类对科技产品的需求日益增加，而作为科技发展的“工业味精”的稀土资源，被发达国家视为“21世纪新材料的宝库”和“战略制高点”。这就造成发达国家对稀土的重视程度加大，从资源勘探、开采、冶炼、采购、再回收利用到研发代替稀土新材料，加速布局稀土战略储备。而稀土资源是磁性材料产业及储氢材料产业的重要原料来源，通过对日本稀土材料产业促进政策的分析，为磁性材料产业及储氢材料产业促进政策的研究起到借鉴作用。

日本目前尚未发现可工业化的稀土资源，在国内无法进行稀土资源矿产开发，但日本却是全球最大的稀土消费国之一。日本在稀土产业的主要政策和措施包括以下几方面：

1. 重视稀土资源战略储备，采用官民并举的储备制度

日本始终把稀土资源战略储备摆放在重要位置。早在1983年，日本就出台了稀有矿产战略储备制度，规定国家和部分有关企业必须储备一定数量的钒、锰、钴、镍、钼、钨、铬等7种稀有金属，随着稀土价值越显重要，日本把稀土资源纳入汽车、电子、信息等日本顶尖产业的储

备对象。2005年，日本成立了资源战略委员会，检查并考虑矿石产品特点、预期风险类型，规划稀有金属及稀土实施行动方式中期措施。2006年日本经济产业省又把铂、铟、稀土类三种资源纳入储备对象。目前日本储备的稀土资源足够使用20年，这足够显示了日本对稀土资源储备战略的重视程度。

日本对稀土资源的储备主要分为官方储备和民间储备①，官方储备主要由JOGMEC负责，这是一个面向日本海外矿业投资企业的服务机构，具体职责包括国内外矿物勘察的援助和金融贷款、建筑监督、向发展中国家派遣专家和进行技术合作、国内回收利用资源相关技术开发等。民间储备则由日本“特殊金属储备协会”牵头，负责协调各有关企业的稀有金属及稀土储备工作。该协会由日本联合钢铁、新日本制铁、神户制钢所、住友金属、日立金属、大同特殊钢等30家企业和团体组成。

2. 鼓励日本企业海外矿产资源投资

日本作为世界最大稀土消费国之一，为了保障资源的供应，日本政府一直鼓励本国企业进行海外矿产资源投资开发②：一方面通过直接协助日本企业进行海外矿产资源勘察，为企业提供金融担保，为日本企业创造一个良好的投资环境；另一方面通过间接组织联合资源调查、派遣研究人员和矿产专家等多种途径，从而了解他国资源状况，以设法获取他国资源。稀土项目占据了日本目前正在进行的海外矿产投资项目9项中的4项，包括澳大利亚Border区域的稀土勘探项目、越南老街省－安沛省的稀土勘探项目、南非的稀土勘探项目以及博茨瓦纳稀土勘探项目。

3. 加快海底资源的开发利用

2009年日本颁布了《海洋能源及矿物资源开发计划》草案，这表明日本通过加强对海底矿床资源开发，来保证满足资源供给需要。草案显示，自2010年以来，日本开始对周边海域的石油天然气等能源和稀土等

---

① 黄健，冯瑞华. 浅析日本稀土战略［J］. 透视，2010，6：37－39.

② http：//www. ctia. com. cn/Article/2012/100848. html.

矿物资源分布情况与储量进行调查，并计划在10年以内完成调查基础上的正式开采。该计划第一次详细表述了日本今后对海底资源的具体开发步骤，尤其是对稀土资源的调查，以及开发地区、时间及方法等基本内容①。

4. 加强稀土金属回收、高效利用以及代替材料方面的研究

稀土资源的回收利用方面。日本为了解决自身稀土资源难题，很重视资源的回收利用，更是运用了法律的手段来约束资源的回收利用。日本先后制定了《环境基本法》《废弃物处理法》《提高资源综合利用效率法》《环境基本计划》（2001）、《第二期基本计划》（2008）等一些法律法规，对各种产品/材料的最终处理做出了规定。目前日本通过回收旧手机等电子产品来大力开采“都市稀有金属矿”，从而实现对稀有金属的回收利用。

稀土金属高效利用替代材料应用研究方面。2007年，日本文部科学省和经济产业省以及经济、经贸和工业部分别发起了“元素战略计划”和“稀有金属替代材料开发计划”。其中“元素战略计划”目的是，在不使用稀有或危险元素的前提下开发高性能材料；“稀有金属替代材料开发技术”是稀有金属替代材料和降低稀有金属使用量基础研究的一部分，目标是2011年建立整套新型制造技术，在生产制造成本以及产品功能不会恶化的先决条件下，将铟、镝等矿物的使用量降低到目标范围内②。

三、我国北京市生物医用材料产业促进政策案例分析

2011年6月，“十二五”国家高技术研究发展计划新材料技术领域“典型人体器官组织替代与修复用关键材料技术研发”主体项目由科技部批准立项，这一项目将针对突破高端医用材料和制品的设计、加工、表面改性及规模化生产关键技术，研发出20种以上符合中国人特点的人工

---

① http://china. cnr. cn/qqhygbw/201110/t20111009_ 508591984. shtml.

② 陶春. 中国稀土资源战略研究［D］. 北京：中国地质大学，2011.

关节、创伤和脊柱内植物等高端医疗器械。

进口人工关节价格较高，而且大多是按照欧美人种的解剖、生理特点设计的，临床应用中存在解剖形态与亚洲人种不匹配等问题。国产人工关节如果按照亚洲人的体型特征量体裁衣，将更符合中国患者的需要；同时可扭转人工关节等高端医疗器械主要依赖进口的不利局面，提升医疗器械产业的技术创新能力。北京目前已着手打造包括人工关节在内的生物材料医疗器械产业链。

科研技术实力雄厚是北京新材料产业的主要特点之一，创新能力一直排名全国第一。纳米材料、生物医用材料、环境和新能源材料等领域形成了一批具有自主知识产权的技术成果。电子信息材料、磁性材料、新能源材料、生物医用材料、纳米材料等虽然只占北京新材料总产值的15%，但这部分产业层次高，附加值大，发展速度较快。产业发展的区位优势也相当明显，北京位于环渤海地区、京津冀核心区域的中心，良好的区位优势有利于合理配置区域资源、产品市场，实现产业转型升级，拓展产业发展空间①。

北京在生物医用材料领域已经形成了一批重点企业，包括百慕高科、北京爱康宜诚医疗器材股份有限公司、安泰生物工程股份有限公司。乐普（北京）医疗器械股份有限公司是一家获准上市的药物支架企业。“十二五”期间，生物医药产业由中央财政扶持的资金将超过400亿元，北京顺义的北京莱博赛医药有限公司，已通过有关部门的审核，获得了国家第一批重大专项创制项目的专项资金600万元，该公司在2011年11月份已经拿到240万元经费②。

2012年，北京生物医药产业销售收入已经由2008年的329亿元增长到上千亿元。随着人口老龄化的到来和人们生活水平提高带来的健康观念转变，北京生物医药产业迎来快速发展时期，齿科修补材料、人工关节及

① 刘明．北京新材料产业发展战略研究、透视［J］．新材料产业，2011，11．

② 中央扶持将超过400亿　生物医药“十二五”规划突围．http：//www．sbia．org．cn/plus/view．php？aid＝6308．

医用钛合金材料的未来市场需求将非常广阔。以人工关节产品为例，国内人工关节手术从2005年的15万例增长到2009年约50万例，2014年有望突破80万例，人工关节产品市场也将随之增长到200亿元以上规模。以目前人工关节及医用钛合金材料产能衡量，"十二五"期间无法满足市场的需求。但现在北京市生物医用材料产业发展也存在着基础产业结构需要进一步调整，新材料所占比重需要进一步提高；产业布局尚需优化；产学研用联系不够紧密，技术优势没能充分转化为产业优势；下游配套能力有待提高，产业链有待完善等问题。

在《北京市贯彻落实〈国务院办公厅促进生物产业加快发展若干政策〉的实施意见》中提出要推动生物向支柱产业的方向发展。建立并完善以企业为主体的技术创新体系、以科研院所为主体的知识创新体系和以中介机构为主体的成果转化服务体系。取得一批基础性核心知识产权，打造一批骨干企业，培育一批龙头企业，培养一批高素质的企业家，将北京建设成为亚太地区具有重要影响力的生物技术创新中心、高端产品制造中心和生物企业的聚集区。以中关村生命科学园为生物产业创新中心，以北京经济技术开发区为生物产业国际制造中心，以大兴生物医药基地为新兴生物制造业集聚区，引导各类资源向北京国家生物产业基地集聚，同时带动医疗器械、生物农业、生物质能源等一批特色基地的建设和发展。开展股权激励试点、在生物领域推进政府采购自主创新产品试点、鼓励生物企业参与深化科技金融改革创新试点、鼓励生物企业及联盟等新型产业组织承接国家及北京市科技重大专项项目、开展国家科技重大专项项目经费中核定列支间接费用试点。

推进技术创新战略联盟建设。支持中国生物技术创新服务联盟（ABO）、北京新药创制产学研联盟、北京医疗器械产业创新联盟、中关村生物医药研发服务外包（CRO）联盟、中关村农业生物技术产业联盟、首都生物质能源产业技术联盟等开展关键共性技术研发、技术标准制定和推广，强化联盟品牌建设，设计并实施行业整体解决方案，加快先进技术向生物企业的辐射和转移，推进生物产业向高端化转型。

实施首都生物产业知识产权战略推进工程。开展北京生物企业专利试点和专利示范专项工作，对企业申请国内外专利进行资助。支持生物企业制定并实施知识产权战略，提高知识产权的创造、运用、管理和保护能力。引导生物企业成立北京市生物医药行业知识产权联盟，整合优化成员单位知识产权资源，构筑强有力的知识产权保护体系。建立生物医药行业知识产权商用化平台，构建重点技术专利池，支持生物企业开展专利经营工作。支持生物医药企业开展公知公用专利技术消化、吸收再创新工作。进一步加大生物医药企业海外知识产权预警和应急救助工作力度，引导企业合理进行海外知识产权布局。

加强生物资源保护，建设种质资源库。促进首都生物种质资源的收集、保护、挖掘和利用，为前瞻性研究提供条件和基础，建设和完善国家标准物质库、国家药用植物种质资源库、北京植物种质资源库、国家农作物种质库、国家普通微生物菌种保藏管理中心等一批标准库、种质资源库和保藏中心。

吸引重大项目落户北京。推动一批国家重大计划、重大科技成果落户北京，吸引一批国内外优秀科技成果在北京国家生物产业基地实施产业化，培育一批高成长企业。规范和加大政府采购力度。研究和制定生物领域具有自主知识产权产品和京产产品在政府定价、政府采购、医保等环节的支持政策。组织生物企业开展高新技术企业认定试点和自主创新产品认定，并纳入《北京市自主创新产品目录》和《政府采购自主创新产品目录》，实行财政性资金优先采购自主创新生物产品制度。对纳入《政府采购自主创新产品目录》中的生物产品实施首购，利用国家医药卫生体制改革和免疫规划扩容机遇，促进一批产品进入医保目录，扩大疫苗、诊断试剂和医疗器械产品在社区和农村市场的占有率。

完善现代生物医药物流网络。贯彻落实国家各项税收优惠政策，配合中关村国家自主创新示范区创新创业税收政策，针对北京生物产业的重点领域、重点企业、重点环节，开展税收政策宣传辅导，帮助生物企业充分利用各项优惠政策。

四、我国浙江省产业用纺织材料促进政策案例分析

浙江作为我国纺织业重要集聚地与纺织大省，拥有全国最多的纺织产业基地市（县）和特色城镇。随着浙江省经济转型升级的加快，纺织业总产值在浙江工业总产值中的比重有所下降，但迄今仍保持产值规模全省领先地位，2010 年全省规模以上工业总产值 51 394. 20 亿元，其中规模以上纺织工业产值 5 574. 66 亿元，占比 10. 8%[①]。

纺织业是浙江省绍兴县的支柱产业、优势产业和民生产业。全县拥有规模纺织企业 1 023 家，2010 年实现产值 1 538. 7 亿元，占全县工业经济的 63%。生产各类化纤原料 257 万吨、面料 58 亿米和印染布 180 亿米，分别约占全国产量的 8. 3%、8. 8% 和 30%。纺织品出口 73. 3 亿元，占全县出口总额的 92. 5%。其中，印染产业是绍兴县经济社会发展的支柱，是绍兴县纺织产业转型发展的重要环节。截至目前，仅绍兴县滨海工业区就已集聚规模以上中高档印染企业 50 家，总产能 50 亿米，占绍兴县印染产业总产能的 1/3，全国产能的 10%，2010 年已实现产值 84. 24 亿元。

杭州萧山区是中国纺织工业协会首批命名的“中国纺织产业基地”，现已基本形成从 PTA 原料到化纤、织造、印染、服装、家纺较为完整的产业链，其中涤纶、氨纶、粘胶纤维产能分别占全国总产能的 14%、14. 3%、22%。全区现有化纤纺织企业 4 500 多家，其中规模以上企业 838 家，化纤总产能 414 万吨。现有织造织机 4. 5 万台，年织造能力 45 亿米，在基本实现织机无梭化的基础上，中高档织机比例达 70% 以上；纺印染加工能力 42 亿米。同时萧山还是我国及世界最大的化纤织造生产基地，2010 年化纤总产能达千万吨。

杭州余杭家纺产业 2009 年被列入浙江省首批 21 个产业集群转型升

① 浙江省重点市（县）纺织产业集聚区转型升级的现状、问题及发展对策. http://www. zjdpc. gov. cn/art/2012/7/19/art_ 233_ 102538. html.

级示范区之一。至2010年底，全区纺织行业规模以上企业623家，其中家纺行业拥有各类织机2万余台，从业人员超过3.5万人；服装行业产量14万件，完成规模产值208.66亿元，占全区规模以上工业企业产值总量的16.10%，实现利润6.82亿元。余杭家纺业已形成了纱线、织造、印染、成品及纺织机械、纺织软件等门类较全、配套协作的产业体系，并形成了专业化的分工协作。产业链的逐步延伸带动家纺产品由窗帘、沙发装饰面料上游原线向下游成品发展。

2008年的金融危机以及后续的全球经济的疲软，国内纺织行业也面临重重压力。2010年，浙江省经信委轻纺办为全省纺织业发展提出了2011年的具体目标：规模以上企业实现工业增加值12 000亿元，年均增长10%；出口总额2 400亿美元，年均增长8%；服装、家用、产业用三大终端产品纤维消耗比例调整至49：32：19。具有国际先进水平的纺织技术装备比重提高到50%左右。①

浙江产业用纺织品发展特点如下。

1. 抓住了整个国民经济高速增长的大好时机

产业用纺织品的发展与国家工业发展直接相关。1998年一场洪水，朱镕基总理三次批示，带动了全国大三土工布的热潮。浙江省内相关企业抓紧时机，开发功能性的土工材料，加大产品生产力度和提高品质，绍兴新建、海宁锦达、绍兴第七纺织厂、萧山申联、黄岩宾王等相关产品迅速上马，并在全国占据重要地位。21世纪初，汽车工业大力发展，产量的迅猛提升也助推了汽车用纺织品的大力开发和生产，浙江众多的公司的产品先后得到国内外汽车生产厂家的认可，同时产品大量出口，使得浙江成了国内汽车配套纺织品产业基地之一。

2. 不断扩展国内外市场，确保企业长久持续发展

市场开拓和创新是浙江省产业用纺织品得到长久稳步发展的主要原因之一。旅游产品的开发是其旅游用品由零到10多亿元的大规模和稳定

① 纺织业重重压力下的浙江对策. http：//www. zjjm. gov. cn/zl/jj/2010/08/02/1295. shtml.

市场份额的典型代表。传统产业的升级换代，也引导本地区相关行业的大力发展，并获得市场不可或缺的地位。天台工业用布厂作为过滤行业的老大，投入巨资引进国际先进的德国多尼尔刚性剑杆织机，并在设备上大胆革新，改革传统化纤机织滤布单一品种趋同化导致其在国内市场驻足不前的行业弱势，开发出高精度的多维过滤布，一举突破欧美发达国家的技术壁垒，并带动一批相关过滤产业进入新的国际市场。

3. 提升技术，创新产品和重点工程配套

对科技的充分认识在浙江产业用纺织产业蔚然成风，多家企业获得省级高新技术企业称号，省级新产品达到近300项。与高校、研究机构合作，形成优势互补、产学研共同发展的模式，在人才培养、技术创新方面实现了双赢。

4. 产业用纺织品已形成一定的集群优势

真正的集群优势势必促进该地区相关产业链上各产品的共同发展。作为服装辅料行业龙头之一的金三发集团，从服装起家，发展到非织造布领域，从热轧到纺粘、水刺，产业链扩展到经编、机织、热熔胶，同时带动了长兴地区众多小厂的发展，形成一个全国最大的衬布生产基地，实现产品多样化、差别化，满足不同用户的各种需求。天台地区过滤行业集群是浙江省地方优势产业的典型，是国内最大的过滤布产销市场，被中国纺织工业协会命名为“纺织名镇”。绍兴是中国纺织工业最集中最发达的地区之一，几年来，通过企业转型和高资金投入、高技术产品的开发引进、高速度上马，形成了非织造布产品蓬勃发展的新产业集群。

5. 政府的政策支持和正确的引导

（1）善抓两个市场。针对纺织品市场形势的变化，提高对市场需求的快速反应能力，稳定和开拓国外、国内两个市场。一是通过实施出口市场多元化战略，积极开拓新兴市场，培育新的增长点。二是引导纺织企业优化和创新商业模式，加强营销网络建设，减少流通环节；此外，为满足不同消费者需求，大力开发新产品。三是结合“扩内需促增长”的政策措施，促进产业用纺织品在水利、交通、建筑、新能源、农业、环保和医疗等领域的应用。

（2）加强支持研发新产品力度。加大研发新产品和更新技术的投入，增强高附加值产品以及新技术产品的开发生产能力。首先加速实现高新技术纤维和复合材料的产业化；其次加快推进产业用纺织品新产品的开发和产业化；三是通过加强自主研发和引进，追踪及赶超国际先进技术，突破具有自主知识产权的新型纺织机械的关键技术，加快纺织机械技术装备国产化进程。

（3）改造传统产业，淘汰落后产能。采用先进适用技术改造传统产业，提高纺织行业生产效率，改善产品结构，增强市场有效供给能力。坚决淘汰高能耗、高污染、低效率的落后生产工艺和设备，加强节能管理和成本管理。

（4）优化区域布局。充分利用浙江纺织技术、资金、研发、品牌、营销渠道的优势，跟踪国际最新技术和产品，重点发展技术含量高、附加值高、资源消耗低的纺织行业和产品。构建跨区域上下游紧密联系、协同发展的产业链。

（5）增强品牌的市场控制力。实施自主品牌建设工程：加强产业整合，支持优势品牌企业跨地区兼并重组，提高产业集中度，增强品牌企业的市场控制力。鼓励和引导品牌企业"走出去"，建立咨询机构为扩大自主品牌产品出口提供政策、信息、贸易等服务。积极开展与主要贸易伙伴的多层面交流与合作。建立和推行生态纺织品认证制度，以及认证、检测互认机制。

（6）完善公共服务体系。建立纺织重点行业和企业运行情况、质量等跟踪监测制度，加强建设产业信息平台；建立管理服务体系、出口纺织产品和国内外技术标准、法规，以及产品质量安全通报、退货核查等应急处理系统；建设30个面向中小企业、服务能力较强、功能完善的公共服务平台，提供产品设计开发、人才培训、信息咨询、市场开拓、社会责任推广等方面的服务。

第四章

广东新材料产业
促进政策设计重点

第一节　广东新材料产业发展评价

广东省既是新材料生产大省，也是新材料需求大省，具有良好的产业基础。在广东省新材料产业促进政策的引导下，广东的新材料产业一直保持快速发展的态势，已形成较大的产业规模，技术水平与综合实力位居全国前列。2004—2008 年间新材料产业产值年均增长率超过 30%，2008 年规模以上新材料产品的工业总产值达 3 180.3 亿元，新材料产业产值占广东高新技术产品产值比重达 20% 左右，位列全国之首。据不完全统计，2010 年全省新材料产业实现工业总产值 4 360 亿元（较 2005 年增长 1.99 倍），实现工业增加值 1 100 亿元（较 2005 年增长 2.2 倍），产业总体规模位居全国前列。新材料领域的高新技术企业 470 多家，约占全省高新技术企业总数的 14%，其中新材料产品产值超亿元的企业 300 余家。近年来，广东省培育出一批我国新材料产业的龙头骨干企业，涌现出一批创新能力较强的“小巨人”企业。广东省新材料产业涉及面比较宽，产业涵盖《国家高新技术产品目录》新材料领域中金属材料、无机非金属材料、有机高分子材料和精细化工类的全部子类别。

一、新材料产业发展特色明显

（一）OLED 材料产业

广东省积极支持 OLED 产业，2008 年广东省政府拿出 9 亿元财政扶持资金扶持平板显示产业，促进高世代 TFT－LCD 和新一代 OLED 显示的发展，期望通过扶持和推动使 OLED 技术和产业在广东率先得到快速发展，布局 OLED 产业链，实现 TFT－LCD 和 OLED 的产业聚集。这次扶持资金，支持至少 10 个与 OLED 有关的项目，内容包括 OLED 生产线装备、OLED 技术研发平台、OLED 用基板玻璃、OLED 制程中缺陷检测设备等。

广东积极打造 OLED 显示屏产学研合作平台，重视发挥平台的作用。

2007年9月，广东省组织东莞宏威数码、东莞彩显、华南理工大学、中山大学等单位建立了广东有机发光显示（OLED）产业技术研究院，通过整合企业与高校资源，开展OLED关键材料、设备技术项目攻关。同时以中华液晶网为代表的产业资讯平台及产业研究中心积极开展OLED技术及新平板显示技术跟踪研究。通过整合产学研各方资源，促进广东OLED产业发展，推动了广东省的电子信息产业结构优化升级，确立了广东省在下一代显示器产业发展中的领先地位。[①]

在《广东省发展高端新型电子信息产业行动计划（2010—2012年）》中，广东省依托广东有机发光显示产业技术研究院，组织产学研联合攻关，重点突破真空镀膜、封装、检验检测等关键设备，TFT基板、ITO玻璃、驱动IC和发光材料等关键材料，以及TFT、蒸镀、封装、光刻等关键技术和工艺；重点发展主动式OLED显示器件；加快完善装备、材料等配套产业链，形成OLED生产线成套集成能力，提升产业价值链。以手机屏的OLED应用为重点，推动OLED显示器件产业化，形成规模生产能力。依托部省共建广东OLED产业示范基地，围绕2.5代和4.5代OLED显示器件项目建设，加快布局装备、材料等配套产业，形成一体化的发展格局，打造佛山、广州、东莞、汕尾等OLED显示产业基地。

电子信息材料是电子信息产业的基础，在平板显示、新型照明半导体材料、新型能源半导体材料、光通信材料、电子材料与元器件等领域有重要和广泛的应用。广东是电子信息产业大省，近年平板显示、半导体照明产业更是发展迅速。如以深圳华星光电（8.5代TFT-LCD生产线）、佛山的南海奇美液晶模组、惠州（TCL）液晶模组、广州LG液晶模组、佛山（彩虹）OLED、广东中显LTPS-TFT、广州新视界AMOLED等为代表的新兴平板显示产业正在形成聚集，从高端带动整个平板显示产业链，形成产值上千亿元。东莞和佛山在照明产业方面具有较好的产业基础，在LED照明领域形成了产业聚集，从芯片制造（如中稼公司

① http://www.fpdisplay.com/news/2010-10/info-4656-828.htm.

等）、封装（勤上光电、佛山照明等）到检测和应用示范，基本实现了较完整的产业链布局，使得目前广东在与平板显示、半导体光伏、半导体照明有关的材料体系中，在全国已形成较大的比较优势。广东还在电子基材方面具有传统的产业优势（覆铜板），聚集了较多相关企业（生益公司）。此外，其他在不同程度上实现规模化生产的主要产品还包括：电子元器件用金属功能材料（如电子级无铅焊料、磁性材料等）、新型电池材料、稀土发光显示材料、光纤材料、电子陶瓷、玻纤、集成电路及封装用电子化学品（超净高纯试剂、特种电子气体、电子封装材料等）等。

（二）生物医用材料产业

“十一五”以来，在国际金融危机冲击以及国内加快结构调整大背景下，由于生物医学和材料技术不断进步、市场需求快速增长，广东省生物医用产业保持了较快的发展势头。

（1）产业规模不断壮大。2010 年，生物医药（包含医用生物材料）总产值达到 890 亿元，实现增加值 320 亿元，年均增长分别为 25% 和 23%，增长速度居广东省九大产业之首。一批居行业领先地位的骨干企业快速发展，珠海丽珠医用生物材料有限公司、广东正康生物科技有限公司、广州市锐博生物科技有限公司、深圳迈瑞等企业成为高产值的龙头企业。

（2）创新能力明显增强。在广东省实施自主创新战略推动下，各类创新平台建设顺利推进。目前，全省拥有 50 多家与生物材料相关的研究院（所），创建了深圳市与中科院共建的中科院深圳先进技术研究院等企业，拥有一批国家级和省级创新平台，一批与生物材料相关企业建立了企业博士后工作站和工程中心，初步形成了以企业为主体、高校和科研机构为中坚、产学研相结合的创新科技平台体系。创新技术和成果不断涌现，医用组织工程等技术居国内领先水平，部分达到国际先进水平。

（3）集聚效应日益显现。通过加强产业科学布局，加快与生物材料相关产业基地建设，集聚了大批专业人才，吸引了一批企业入驻，推动了产业集聚发展，形成了若干特色鲜明、优势互补的产业集群，集聚发展态势日益显现。深圳国家生物产业基地形成集检验试剂、基因疫苗、基因药物到医疗器械的产业群，销售收入过亿元的生物企业达60多家；中山国家健康科技产业基地入驻企业已达140多家，形成了中西药品、生物工程、医疗器械、化妆品、保健食品、药包材等大健康领域六大产业集群。

（4）国际化程度不断提高。“十一五”以来，全省生物医药（包括医用生物材料）国际贸易快速增长。2008年，全省生物医药出口额达52.5亿美元，年均增长达28.5%，位居全国前列；其中，医疗器械出口达27.5亿美元，同比增长48.4%，继续保持全国领先地位。美国葛兰素、美国百特、德国西门子、法国赛诺菲－安万特、日本津村药业、中国香港和记黄埔等众多全球知名跨国（境）公司在广东省投资建设大型产业化项目，国际合作日益深入。数家公司在海外成功上市，国际风险投资不断加大投入，部分企业积极参与国际并购，资本运作日趋国际化[①]。

（三）新型高分子材料产业

高分子材料是广东省材料产业体系中特色和优势明显的标志性领域。广东省是中国高分子材料产业最发达的省份，高分子材料产业的年总产量、总产值约占全国总量的1/4。合成树脂、合成纤维、改性塑料、塑料薄膜、化学建材、塑料助剂等产品在技术和市场占有率等方面处于国内领先地位。

广东省高分子材料产业聚集趋势明显，85%以上企业和产值都集中在珠三角地区，该地区也是我国高分子材料产业最密集的区域。合成树脂在茂名、湛江、广州、珠海、惠州、汕头等沿海地区形成产业带，以广州金发科技股份有限公司为龙头的改性塑料产业在广州高度聚集，产业竞争力居国内领先地位；以广州市华南橡胶轮胎有限公司为龙头的橡

① 曹蓓，胡炜，李海燕．优化产业布局，完善创新机制，推动广东生物医药产业发展［J］．科技管理研究，2013，5：8．

胶制品产业主要聚集于广州，以华润涂料、珠江化工集团、嘉宝莉、广州秀珀化工有限公司为代表的涂料产业在佛山顺德和广州地区聚集，以国内排名前列的塑料管材生产企业如联塑、顾地、雄塑、日丰公司、阿波罗（中国）有限公司等企业为代表的化学建材产业主要聚集在佛山和广州地区，以佛山塑料集团、德冠薄膜等企业为代表的塑料薄膜产业主要集中于佛山地区。此外，广东还拥有新会美达锦纶、联新高性能纤维、珠海醋酸纤维、粤海化纤等合成纤维龙头企业。

广东高分子材料产业在国内具有明显的技术优势。大型企业的树脂合成都已引进国外的先进装置。经过多年的自主创新，目前塑料加工的双向拉伸、挤拉吹、共挤复合、精密注塑等技术，为实现高性能化、功能化等的合金化、增容、填充、增强、阻燃、填料表面处理、功能化等改性技术处于国内领先水平，有些达到国际先进水平。

此外，通过对下面五个产业基地的建设，实施对高分子材料产业的整体布局：

（1）合成树脂产业基地。以惠州大亚湾石化、茂名石化、广州石化、珠海高栏港石化、湛江新中美、汕头海洋以及未来建设的湛江中科石化、揭阳惠来石化等为依托，在沿海地区（广州—惠州—茂名—湛江—揭阳—汕头）打造合成树脂基地，为广东省高分子材料产业提供原材料。

（2）改性塑料产业基地。以广州龙头企业为基础，在广州地区形成国内技术水平领先、规模最大的先进改性塑料产业基地，加快广东省改性塑料的发展。

（3）塑料加工基地。以佛山、湛江、珠海、惠州等地的龙头企业为基础，打造国内加工技术水平领先的塑料加工基地，为广东省重点发展的汽车、高端电子信息、新能源、半导体照明等产业提供新材料和零部件。

（4）化学建材基地。以佛山、阳江地区的龙头企业为基础，构建国内规模最大的化学建材基地，重点发展环保、隔热、保温等节能化学建材，为广东省建设低碳社会提供高性能、多功能化学建材。

（5）合成纤维产业基地。以江门、珠海等地的龙头企业为基础，在江门、珠海地区打造我国一流的合成纤维产业基地，为广东省纺织业、先进复合材料等提供新材料。

再有，在精细化工材料方面，建立与高分子材料产业紧密相关的几个基地：

（1）日用化工、涂料、油墨等精细化学品产业基地。以广佛肇经济圈中的龙头企业为基础，在广州创建国际水平、规模最大的日用化学品、胶黏剂、涂料等精细化学品产业基地；在佛山、顺德形成国内一流的涂料、油墨、塑料助剂等精细化工产业集群；在肇庆构建油墨、食品添加剂等精细化工产业基地。

（2）电子化学品基地。以深莞惠经济圈的龙头企业为基础，构建集成电路板加工、电子封装材料和其他相关电子化学品产业群，在珠海高栏港建设电子布生产基地。

（3）精细化工产业（转移）园。依托惠州市大亚湾石化产业园、恩平中国纳米碳酸钙产业基地等园区（基地），建设国际水平的精细化工产业园。依托南雄精细化工产业园、珠海（茂名）产业转移工业园、云浮硫化工基地等园区（基地），积极承接涂料、合成树脂、油墨、日用化工等珠三角精细化工产业转移，形成精细化工新材料产业集群。

（四）先进金属材料产业

从科技资源、产业规模等方面综合考察，广东省先进金属材料产业的总体优势仅次于上海及长江三角洲，居国内各省之前列。目前，广东省先进金属材料领域已形成了以广州珠江钢铁有限责任公司为龙头的高性能钢铁材料产业集群；以兴发铝材、广东凤铝、广东坚美、亚洲铝厂以及台山市金桥铝材公司为代表的铝型材产业集群；以深圳富士康集团、嘉瑞集团、东莞易安为首的镁加工产业集群；以及广州珠江冶炼厂、四会达博文、深圳津高达等稀土材料产业集群。

在“十二五”期间，广东兴发铝业有限公司将建成轨道用车辆车厢生产基地，形成年产1万吨的轨道用车辆铝合金车厢铝型材的产能；在佛山市鸿金源铝业制品有限公司开展高速铁路接触网特种铝材的研制与产业化，并解决高速铁路接触网专用铝材使用性能问题，替代进口产品，研制出高速铁路接触网专用铝材，并形成应用示范生产线。上述重点项目的实施将对于广东省铝合金产业朝高技术、高附加值方向发展具有重要的推动作用。

AB_5稀土储氢合金是发展混合动力汽车镍氢动力电池的关键材料。2007 年，7 亿美元镍氢动力电池带动了 70 万辆混合动力汽车销售，产值 200 亿美元。充电电池市场发展迅猛，销售额每年以 13% 的速度增长，2007 年为 82 亿美元，2008 年达到 95 亿美元。2007 年，全年生产 10 亿只镍氢电池，销售额 12 亿美元，并且以每年产量 2%、产值 8% 的速度增加。镍氢电池的应用领域为：混合动力汽车（55%）、零售（22%）、无绳电话（11%）、其他（12%）。因此，世界大多数的发达国家和地区都非常重视镍氢电池的开发和应用，并制定了各自的发展计划。广东省也在“十五”科技计划中，把“新型电池”列入了“十二五”重大专项中。广东省在改革开放后，经济迅猛发展，电池行业也随着广东省经济的发展而快速发展。目前，广东省已成为我国电池品种最全、产量最大、生产技术力量最强的省份。在人才引进方面，广东省不仅从内地吸引了一大批优秀的电池技术和管理人才，近年更是引进了许多留学回国人才。在技术引进方面，国际上许多著名的电池企业纷纷在广东开设分部，使广东具有雄厚的电池技术力量①。目前，广东省的电池企业已近千家，但是技术水平、生产规模相差较大。广东省作为中国电池产业生存及应用的重要基地，电池产品出口更是占据了全国总出口量的一半以上，产业增长前景继续看好。广东省镍氢电池生产厂家有深圳比亚迪、广州市虎头电池集团、深圳市豪鹏科技有限公司等。

广东省先进金属材料产业的总体技术达到国内先进水平，部分技术及产品居国内领先地位，包括：①以珠江钢铁有限公司为龙头的薄板坯

① 徐绍萍．稀土镍氢动力电池的发展及应用［J］．中国金属通报，2011，17：21．

连铸连轧技术及热轧集装箱钢板；②铝型材及压铸铝业，近十年来一直处于领先地位，在整体技术与装备水平、产品质量、市场份额、出口量等方面具有极其明显的优势；③电解铜箔是电子信息产业的基础材料，总生产能力约20 000t，占全国的47%；④稀土发光材料，已初步形成了从高纯稀土原料到稀土发光材料生产及至灯具、电子元器件制造与终端应用的产业链；⑤铁氧体磁性材料技术水平领先于同行。

二、新材料产业布局基本完成

广东省地区生产总值连续20多年位居全国第一，电子信息、电气机械、汽车、石化等支柱产业位居国内前列，新电子、新医药、新能源等新兴高端产业发展势头良好，建筑材料、钢铁、纺织服装、轻工造纸等优势传统产业转型升级步伐加快，相关产业对新材料的应用规模逐年扩大，新材料对高新技术产业优化提升的先导和基础作用日益突出，对传统产业转型升级的支撑和促进作用日益增强，发展前景广阔。

新材料产业的若干重要门类已初步形成了较为完整的产业链。先进高分子材料产业已经建立“石油化工—合成树脂—改性塑料—塑料助剂—塑料加工—塑料机械—制品应用—再生塑料”的产业链条；半导体照明材料产业基本形成“衬底材料—外延片生产—芯片制造—封装—检测和应用示范”的产业链条；新能源电池材料产业初步构建起“正极材料—负极材料—电解液—隔膜—电池生产”的产业链条。

当前，广东新材料产业主要集聚在珠江三角洲地区，并以广州、佛山、深圳为核心，初步形成相对集中并具有特色的产业空间布局。珠江三角洲地区新材料产业产值占全省比例超过85%。广佛肇经济圈中，广州新材料产业已形成了较高的产业聚集度和较明显的企业规模优势，是广东唯一的一家新材料产业国家高技术产业基地，现有新材料企业约250家，实现产值及利税均占全省新材料总值的20%。目前已形成了先进金属材料、有机高分子材料、精细化工等优势产业集群，电子信息材料、生物医用材料及新能源材料也有相当的产业基础。据不完全统计，广州新材料产品产值超亿元的企业有100多家，其中超10亿元的企业有17家。佛山新材料产业近年发展迅速，目前在电子信息材料、先进复合材料、新型功能材料、高性能结构材料、新型建筑材料、化工新材料、生物医用材料、新能源材料等八大领域已逐渐形成集聚发展的态势，拥有被科技部授予的"国家火炬计划佛山（高明）新材料产业基地"，到2010年，佛山市新材料产业已实现工业总产值800亿元。深莞惠经济圈中，在能源与电池材料、电子信息材料、有机高分子材料及制品、有色金属及其深加工产品、材料表面处理技术、模具设计与制造等方面拥有明显的优势。其中，深圳近年来新材料产业发展迅速，已形成较好的产业基础和条件。统计数据显示，2010年深圳市新材料产业规模约590亿元，约占全市工业总产值的3.2%，并涌现出以光启、比亚迪、中金岭南等为代表的新材料研发机构和龙头企业；杜邦、住友、日东电工等跨国企业已在深圳建有大型生产基地或研发中心。目前，深圳新材料新能源高新技术企业已经发展到170余家，绝大部分均为技术创新型中小企业。这些企业覆盖领域众多，拥有先进的技术，很多领域处于国内甚至国际领先地位。深圳市在能源与电池材料、有机高分子材料及制品、电子信息材料、有色金属及其深加工产品、材料表面处理技术、模具设计与制造等方面拥有明显的优势。如比亚迪、比克的电池材料，长园新材的热缩材料，华瀚管道的钢骨架塑料复合管，南玻的镀膜玻璃和氧化锆陶瓷等。珠海、中山、江门经济圈中，珠海新材料产业在大型钢结构件领域有明显优势，在新型电子材料、特种功能涂料、环境友好材料和高性能建筑材料等领域有一定基础。江门新材料产业在合成纤维材料领域已经形成在国内有重要影响力的产业聚集，拥有"国家火炬计划江门（鹤山）新材料产业基地"。此外，粤西的茂名市依托茂名石化公司的石油炼化副产品拓展石油化工材料产业链，集聚了一批新材料企业。

三、新材料研发基地逐步形成

广东省在新材料研发领域具备了较强的研发力量，初步形成了一个包括企业技术中心、高校、科研院所和各级重点实验室及工程中心在内的新材料研发和科技创新体系，形成了国家级、省级、市级三个层次新材料领域的科技创新平台格局。目前广东已有新材料领域的包括：中山大学光电材料与技术国家重点实验室、华南理工大学发光材料与器件国家重点实验室、广州有色金属研究院稀有金属分离与综合利用国家重点实验室等5个国家重点实验室；广州有色金属研究院钛及稀有金属粉末冶金国家工程技术研究中心、华南理工大学聚合物新型成型装备国家工程研究中心、广州钢铁企业集团有限公司国家企业技术中心、广州华南橡胶轮胎有限公司国家企业技术中心、广州金发科技股份有限公司国家企业技术中心、聚合物新型成型装备国家工程研究中心、广东省木材加工工程技术研究开发中心等11个国家重点工程中心；90多个省级重点实验室和工程中心，以及市级实验室和工程中心。

在改性塑料、薄膜、涂料、化学建材等高分子材料，电子陶瓷及片式电子元器件，印刷电路板，铝、铁轻合金材料，新型建筑材料，新型二次电池材料，大功率LED（发光二极管）芯片，OLED（有机发光二极管）等新型发光显示材料及器件领域均处于国内领先地位。

四、案例分析——广东稀土产业

广东是我国稀土资源种类最丰富最齐全的省份，并以世界少有的重稀土为主，并拥有丰富的稀土矿产资源，以及其他资源省市无法比拟的稀土应用市场。经过几十年的建设和发展，吸引并聚集了包括稀土发光材料、稀土磁性材料、稀土储氢材料在内的众多的稀土深加工企业群，以及包括民营企业、三资企业在内的庞大的稀土应用企业群。已初步形成了从矿山采选、冶炼分离、深加工到新材料及应用产品的比较完整的稀土产业链，形成的效应产值占全省工业总产值比重超过两成。同时，拥有专业化的稀土进出口贸易公司，具备发展成为全国乃至全球具有重要影响力的集科工贸为一体的稀土新材料、元器件研发制造基地和应用中心的潜力，有力促进了区域经济的快速发展。

但广东省稀土产业仍存在很多问题，如非法开采屡禁不止、冶炼分离产能扩张过快、生态环境破坏和资源浪费严重、高端应用研发滞后、出口秩序较为混乱等问题，严重影响稀土行业健康发展。

1. 矿产资源勘探工作滞后

近年来由于缺乏统筹规划，广东省稀土资源勘查投入不足，勘查新机制尚未有效形成，列入地质储量表的离子型稀土资源储量已远远不能反映本省的实际稀土资源状况，稀土矿产资源勘查工作滞后于产业发展需要。

2. 矿产开发利用粗放

稀土矿山布局和结构不合理，矿产品生产企业规模较小，生产技术和工艺水平落后，产品附加值低。由于采矿方法的不合理、保证措施不到位造成的环境污染、水土流失、水体破坏和地面塌陷、泥石流、滑坡等地质灾害时有发生。

3. 产业规模化、集约化发展程度不高

稀土新材料及元器件产业发展仍然比较薄弱，自主创新能力不强，稀土终端应用开发滞后，新产品、新技术推广应用缓慢；整个稀土产业链条的连接性、妥协性以及产业集聚化程度都比较低，产业化的规范可持续机制尚未完全形成。

为了应对这一现状，并积极响应稀土产业化整顿的号召，广东省政府和广晟资产经营有限公司共建稀土集团展开资源整合，2011 年 2 月 27 日，广东省稀土产业集团正式挂牌，与上市公司广晟有色金属股份有限公司同属广东省广晟资产经营有限公司的子公司。广东省政府和广晟资产经营有限公司此次打造广东省稀土集团，意欲以此作为广东省内稀土资源的整合平台，逐步将广东省内稀土相关资源纳入稀土集团旗下。广东省稀土产业集团的组建，不仅意味着广东稀土行业资源整合、结构优化和转型升级大幕正式开启，更是广东率先在我国稀土产业新版图中占据一席之地的重要举措[①]。

目前广东省内有4张合法稀土采矿证，全部由广晟有色金属股份有限公司获得。该公司主营稀土金属矿采选、冶炼、生产与销售，旗下拥有十几家企业涉及稀土金属矿的采选和冶炼加工业务。广晟有色金属股份有限公司和此次新成立的广东稀土集团同属于广晟资产经营有限公司，双方是关联企业。按照证监会的规定，双方业务不能存在同业竞争关系。消除同业竞争是广晟资产经营有限公司无法回避的问题。

广晟资产经营有限公司是广东省国资委下属企业，目前主要由有色金属、电子信息、酒店旅游、建设四大业务板块构成，其在国内A股市场控制的上市公司则分别是广晟有色金属股份有限公司、中金岭南有色金属股份有限公司、风华高新科技股份有限公司三家，目前其主要的稀土资源，都归属于广晟有色金属股份有限公司旗下。

2011年8月，广东广晟有色金属股份有限公司将其所持广晟有色金属股份有限公司的1.25亿股无偿划转给广晟资产经营有限公司，此次划转后，广晟资产经营有限公司持有了广晟有色金属股份有限公司50.02%的股权，广晟有色金属股份有限公司一跃成为广晟资产经营有限公司的一级控股子公司。此次股权转让在某种意义上可以看作是广东省、广晟资产经营有限公司打造稀土集团的先行步伐。

在理顺与大股东的关系之后，广晟有色金属股份有限公司又将广东省内尚未掌握的稀土矿资源和冶炼分离产能以托管形式收入囊中。通过对两家广东省内稀土企业的“托管经营”，广晟有色金属股份有限公司基本掌控了广东省内的合法稀土开采权，并增强了冶炼分离产能规模。目前广晟有色金属股份有限公司控股广东省内7家稀土资源的开采冶炼加工企业、1家有色金属资源的进出口公司、5家钨类资源企业（非稀土资源），为广东省稀土产业的龙头企业。

这次大规模的整合，无疑为广东省稀土的统一开发和管理带来了新

① 南方日报. 广东稀土的嬗变：从资源大省到产业强省. 2012年2月27日。

的发展契机，并使得广东省稀土行业在国内市场占有一席之地。

为了促进广东省稀土产业可持续发展，提高广东省稀土产业在国内外市场的竞争力，近年来，广东省制定和采取了一系列政策[①]来保护宝贵的稀土资源，加强稀土行业管理，提高稀土高端产品研发，完善稀土资源出口机制等，确保广东省稀土行业的和谐发展。

1. 制定了“广东省稀土产业技术路线图”

在广东省科技厅的大力支持下，由来自全国和广东省的政府官员、行业专家和企业代表等数百人在广东共同谋划制定了“广东省稀土产业技术路线图”。此技术路线图是沿着“市场需求—产业目标—技术壁垒—研发需求”这一路径对广东省稀土产业进行系统和全面的分析，明确广东省稀土产业所面临的市场需求和发展战略问题；通过分析，预测将来国内国际高新技术产业的发展方向和未来稀土产业发展的市场需求，并据此确立广东省稀土产业在市场拉动下的产业目标，识别出广东省稀土产业链发展各个环节所存在的技术壁垒，筛选出广东省稀土产业发展的重点研究需求，提出具有“广东特色”的稀土产业发展技术模式。这对引导广东省稀土行业持续健康发展有着重要意义。

2. 成立了“广东省稀土集团”

在国务院明确实施稀土大企业集团战略后，广东省成立了全国首家稀土全产业链大型集团——“广东省稀土集团”。广东省稀土产业集团的组建，不仅意味着广东稀土行业资源整合、结构优化和转型升级大幕正式开启，更是广东省率先在我国稀土产业新版图中占据一席之地的重要举措。在目前全国众多稀土行业企业中，名号同时兼具“稀土”“产业”“集团”这三个关键词的，唯“广东省稀土产业集团”。从产业链上游资源占有量看，广东是稀土资源种类最齐全的省，并以世界少有的重稀土为主。据估测，广东各类稀土资源总量超过 900 万吨，累计离子型稀土资源储量 52.5 万吨，居全国之首；从产业链中游稀土产品生产与冶炼分

① 广东省经济和信息化委员会. 广东省稀土产业发展总体规划（2009—2020 年）。

离实力看，目前全省稀土年开采能力接近3 000t，已成为全国离子型稀土矿产品的重要供应来源地；从产业链下游稀土产品深加工应用看，广东是我国稀土功能材料应用第一大省，2011年，广东稀土产业值500亿元，带动下游应用产业值超1.5万亿元；在稀土研发方面，稀土发光材料、稀土储氢材料等领域的研究成果处于国内领先水平[①]。

3. 打造广东稀土工业园

2011年由广晟资产经营有限公司规划和投资奠基的广晟（梅州）中国南方稀土科技城，位于广州（梅州）产业转移工业园内，规划为“园中园”的建设模式。广州（梅州）产业转移工业园是梅州市贯彻落实广东省委、省政府“双转移”产业政策成立的大型工业园区，是广东省十大重点产业转移园之一。广晟（梅州）中国南方稀土科技城拟分两期建设，总用地面积6 000亩（$4km^2$）。其中，首期规划区域位处广州（梅州）产业转移工业园第二期开发区内，用地面积1 500亩（$1km^2$）；第二期规划区域位处广州（梅州）产业转移工业园经扩容后的开发区域内，用地面积2 000亩（$1.33km^2$）；第三期用地面积2 500亩（$1.67km^2$）。

4. 建立稀土产业技术研发和应用创新体系

经过多年的发展，广东省稀土研发及应用的技术力量得到不断加强，初步形成包括国家、省级重点实验室、工程中心及企业技术中心等在内的稀土产业技术研发和应用创新体系。目前，广东省拥有“光电材料与技术国家重点实验室”“发光材料与器件国家重点实验室”“广东省稀土开发及应用研究实验室”“广东省稀土发光材料产业化重点科研基地”“广东省稀土合金材料重点实验室”“广东省稀土新材料工程技术研究开发中心”等创新平台，为促进广东省稀土产业技术创新、成果转化、带动稀土产业快速发展起到了重要的作用；同时也为提高广东省高性能稀土材料的自给率和涉及国家安全的重要稀土材料的保障程度，广东省制造业、信息产业的技术进步和可持续发展做出了应有的贡献。

① 羊城晚报．稀土产业版图重构 广东率先“占座”．2012年2月28日。

第二节　广东新材料产业发展存在的问题

广东新材料产业总体水平与一些发达国家相比有较大差距，与国内其他兄弟省份相比，虽然在某些行业具有较强的优势，但还存在不少问题。

由于历史的原因，广东新材料产业的发展主要始于成本较低、技术含量不高、行业门槛不高的行业和产品，并且存在大量的在技术和产品方面雷同的企业，单个企业规模不大，往往处于产业链的中低端，产品也处于中低端水平。产业所依赖的原材料精炼、关键技术、核心装备、应用设计等方面相对薄弱。从产品水平来看，主要表现在跟踪仿制国外先进材料多，拥有自主知识产权特别是具备高性能、高附加值的产品的专利成果依然相对较少。新材料研究成果转化率低，规模化生产程度较低；产业集群创新能力不强，部分细分领域缺乏大型龙头企业，拥有高端自主知识产权的核心技术不多，部分行业存在能耗高、污染大、劳动密集、新技术和新产品的创新能力不强等问题。

1．产业竞争能力不强

新材料企业总体上仍集中在相关产业链的中低附加位环节，后续加工能力和应用推广偏弱，产业综合配套能力不强。缺乏国际性知名品牌和高端产品，产业向器件、部件发展的技术集成能力较弱，在创新能力方面的投入远不能满足广东新材料产业结构高级化发展的要求：高分子材料以改性通用塑料和改性工程塑料为主，而体现高水平的高性能工程塑料改性产品、先进复合材料及新型高分子功能材料产品较少。如：在树脂原材料中除少量 PE、PP 及 PS 合成树脂外，大量依靠进口或者外省市，尤其是 PA、PC、POM、MPPO、PET、PBT 六大通用工程塑料则基本全部需要进口，导致“石化炼油→合成树脂→改性塑料→塑料制品→使用应用→回收再生”产业链前弱中后强；金属材料和无机非金属材料均以通用结构材料及其加工制品为主，而附加值较高的特殊合金、特种陶瓷、功能金属材料及功能无机非金属材料与器件产品较少；精细化学品以通用、常规技术产品为主，而技术含量更高的高效催化剂、橡塑助剂及表面活性剂等功能精细化学品的品种及规格都还比较少。新电子信息材料中的绝大多数的高性能基材均来自日本和美国。

同时，目前广东省新材料企业与下游应用企业之间尚未形成紧密纽带关系，与装备制造企业的同步开发合作不多，特别是一些品种比较新、技术含量比较高的新材料产品应用推广进展缓慢。从总体上看，广东省新材料产业企业规模普遍偏小，产值超过 10 亿元的企业较少，综合竞争力不强，对地方经济和相关产业的辐射带动作用不明显。

2. 部分新材料产业领域的科技支撑能力不强

在新材料产业领域，广东具备一定的知识基础，华南理工大学、中山大学、广东工业大学都具备一定的研究开发实力，但集中在合成化工领域，其他领域的人才培养和知识生产能力依然较为薄弱，主要通过省外大学或科研院所供给，如北京化工大学、中科院以及中南大学等省外高校或科研院所。虽然中山大学、广州中医药大学、南方医科大学、暨南大学及相关研究机构为广东生物医药产业创新提供了较强的智力支持，但知识生产主要集中在现代中药、药物制剂及初级生物技术方面，高端的生命科学如转基因工程和克隆技术、生物医学工程的知识积累薄弱仍是广东的短板。

3. 产业集群优势不突出

目前，广东省已建成国家级新材料产业基地 1 个、国家级特色材料产业基地 15 个、省级新材料特色产业基地 32 个，初步形成了广州新材料产业国家高技术产业基地、深圳国家半导体照明基地、佛山光伏产业基地等一批特色鲜明的新材料产业集聚区，并培育出一批处于国内领先地位的新材料龙头骨干企业。但大部分产业基地或园区内产业同质化竞争问题仍较突出，企业间专业化分工和差异化经营格局尚未形成，影响了新材料产业的核心竞争力和整体实力的发挥。

4. 缺乏核心关键技术

广东省新材料产业中前沿领域比重仍较低，产品跟踪仿制的多，前瞻性技术储备不足，集成创新能力薄弱，关键核心技术和装备主要依赖进口。

如佛山大多数材料企业产品雷同、对高新技术的研发投入不足，拥有自主知识产权的新产品少。材料企业拥有的技术中心和工程研究中心仅占全市总量的7%和5%，缺乏国家级的材料企业技术中心或工程中心。2009年佛山市总的专利申请和授权数量超过了10 000件，但发明专利仅占4%。新材料企业很少承担“863”计划、“科技支撑”计划等国家级的科技计划项目，很少获得国家级的科技奖励。

5. 行业政策有待完善

新材料产业涉及面广，广东现行的新材料产业政策多为总体政策，针对新材料行业的政策偏少。如，在广东产业用纺织材料行业，缺乏有效的产业政策，使得纺织材料行业发展得到广东省各项经费的支持较少，从而导致了广东本身具有较为雄厚基础的产业用纺织材料的发展严重滞后于江浙、山东等地，并导致大量的专业技术人才的流失。特别是在当今产业用纺织材料与生物医药、交通、土木建筑、节能减排、电子、智能、农业以及卫生等领域的产品技术创新和生产设备的更新方面表现尤为突出，导致部分企业在新材料的研发、生产和推广的过程中难以归口到相关的应用领域，从而严重制约产业的大力发展。

目前，广东省各地区还缺乏配套完善的建筑节能法律法规，必要的强制性节能政策和规章制度还未出台，未能从政策上宏观引导市场；缺乏相应的经济鼓励政策，缺乏有效的市场激励措施；建筑节能管理机构不够健全，政策执行力度不大；建筑节能与墙材革新工作分离，管理体制不顺畅。

6. 基础研究投入少，人才储备不足

新材料生产企业，大部分属于中小型企业，存在产品灵活、各具特色的特点。但由于政策的门槛设得太高，如项目审批、扶持资金划拨等，大部分企业没有被纳入优扶范围，因此很多政策对于这些中小型企业而言难以受惠。

专业人才缺乏。跨学科复合型人才和专业技术人才由于前几年行业的低迷导致人才的缺乏或者大量流失，省内行业技术研发服务平台缺失，制约了高技术含量、高附加值产品的开发。

7. 产业链协同发展有待加强

新材料与传统材料有着密不可分的联系，许多新材料的生产依赖于相关传统的制造业，另外新材料的发展也为传统材料产业的升级换代提供了支撑。广东新材料产业产品结构不合理，多数处于价值链的低端。新材料和传统材料产品比例严重失调，产品档次较低，初级产品多，高附加值产品少。产值超亿元以上的材料企业中，95%的产品为低端不锈钢、日用陶瓷、建筑铝型材、PVC 管等传统产品，新材料产品的比重仅为5%。新材料产业链不完整，上下游不配套，大部分原材料需外购，物流成本很高。在产业链方面，需要政府制定引导性关键技术政策，主导产业链的建设，加快产业配套的建设速度，提高产业竞争力。

第三节　广东新材料产业促进政策顶层设计

2009年12月通过的《珠江三角洲地区改革发展规划纲要（2008—2020年）》，广东就明确提出要大力发展高技术产业，坚持全面提升与重点突破相结合，突出自主创新和产业集聚，培育壮大新兴产业，建成全球重要的高技术产业带。

一、制定总体指导政策

新材料产业是战略性新兴产业的重要组成部分，是“十二五”时期广东省抢占产业发展高端和前沿的战略重点。2011年《广东省人民政府关于贯彻落实国务院部署　加快培育和发展战略性新兴产业的意见》提出，新材料产业的发展重点是：大力发展稀土功能材料、平板显示材料、半导体照明材料、核电专用材料、超材料、功能陶瓷、高性能膜材料、特种玻璃、集成电路用封装材料、能量转换和储能材料等新型功能材料，积极推广低能耗、轻污染、少排放、可循环的新型材料制造技术。延伸石化下游产业链，重点发展高性能工程塑料、新型树脂及新型化工材料，提升碳纤维、芳纶、超高分子量聚乙烯纤维等高性能纤维及其复合材料发展水平。支持开展纳米、超导、智能、光电等共性基础材料研究。

2011年广东省经信委出台了《广东省新材料产业发展“十二五”专项规划》。作为国家确定的七个重点发展的战略性新兴产业之一，新材料产业也是广东省重点培育的八大战略性新兴产业之一。

2012年3月广东省出台了《广东省战略性新兴产业发展“十二五”规划》，根据规划，到2015年，高端新型电子信息、新能源汽车、LED三大产业率先突破，生物、高端装备制造、节能环保、新能源和新材料等产业将初具规模，全省战略性新兴产业总产值突破2.5万亿元，增加值占生产总值比重达到10%左右，对经济增长的贡献率显著增强；在主要领域突破与掌握一批具有自主知识产权的关键技术和标准，自主创新能力和产业技术水平显著提升；形成一批具有国际影响力的大企业和创新力强的中小企业，企业实力显著增强；形成3～5个产业链较完整、配套体系较完善、产值超千亿元的新兴产业集群，产业体系进一步完善。

近年来，广东省GDP中的20%由与稀土相关的产业带动，因此，广东省将会把重心放在规范稀土资源开采，同时将重点突破稀土功能材料的制备、应用和产业化关键技术难点，以更好地实现广东稀土行业的深度发展。2010年8月，广东省发布《广东省稀土产业发展总体规划(2009—2020年)》，提出了稀土产业要重点发展新材料及其应用产业，并明确广东省稀土产业中长期发展方向和产业布局。为了支撑广东省稀土产业的发展，由30位核心专家和20家企业联合制定的《广东省稀土产业技术路线图》为广东省在“十二五”期间的稀土发展设定了目标：“稀土合金材料、稀土精细化工、稀土掺杂特种功能材料及相关应用产业初具规模。稀土新材料对下游产业的支撑和保证作用明显加强。”

二、突出重点发展领域

围绕广东经济发展、社会进步和安全的需求，提高高性能结构材料与功能材料的产业化能力。解决新材料产业中突出的技术瓶颈，提高工艺水平，重点在电子显示、纳米、燃料电池、超导、复合材料等方面实现技术突破和产品产业化，为信息、生物、航空、航天、新能源及相关产业提供高性能材料，把资源优势转化为产业优势和经济优势。

在高分子材料领域，大力研发高效催化剂、橡塑助剂及表面活性剂等功能精细化学品，提高产品技术含量；以茂名石油化工产品制造业基地为依托，进一步完善包括石油炼制、合成树脂、改性塑料、塑料及橡胶等制品、制品应用、材料再生利用在内的产业链体系；推进深圳精细化工园与化工材料公共检测平台建设，重点发展新型建筑材料和涂料、精细化工等前沿产品；以广州金发科技股份有限公司为龙头，以改性塑料产业群为基础，将广州新材料产业国家高技术产业基地打造为高分子材料的领导者。

在金属材料领域，加大特殊合金、特种陶瓷、功能金属材料及功能无机非金属材料与器件的技术研发；重点开发稀土功能材料的分离和深加工技术，进一步提高稀土的附加值及减轻对环境的影响；推进包括高性能钢铁材料、有色金属材料、稀土功能材料及金属加工制品等在内的金属材料产业群，提高技术水平和产品价值。

在无机非金属材料领域，重点发展高性能结构陶瓷、功能陶瓷、功能玻璃、新型节能建材及人工晶体等主要产品，提高产品质量，抢占高端市场；加大研究开发力度，提高纳米技术应用范围；进一步增强优质平板玻璃、汽车玻璃、电子级玻璃纤维布、电子陶瓷、多孔陶瓷、新型干法水泥、轻质陶粒隔热墙体材料等产业集群的竞争力。

在电子信息材料方面，重点突破基础原材料和关键技术如高性能基材技术，提高产品自给能力；研发印刷电路板用电子化学品（如覆铜板基材、湿法流程专用化学品、光致抗蚀膜等）的技术，提高产品质量；扩大电子元器件用金属功能材料（如电子级无铅焊料、磁性材料等）、新型电池材料、稀土发光显示材料、单晶硅、半导体发光材料与器件、光纤器件、玻纤、集成电路及封装用电子化学品（超净高纯试剂、特种电子气体、电子封装材料等）等产品的规模化生产，形成富有竞争力的产业集群。

三、完善产业空间布局

根据广东省战略性新兴产业发展的总体部署，未来广东省新材料产业的发展重点是新型电子信息材料、特种功能材料、环境友好材料和高性能结构材料、智能材料、纳米材料，在布局上则力争到 2015 年形成“一带两极多园”的协调发展格局。

“一带”是指佛山（先进金属材料、特种功能材料）、中山（新型电子材料、特种功能涂料、环境友好材料）、江门（纺织化纤、稀土发光、高性能结构材料）形成的新材料发展带；

“两极”是指广州（有机高分子材料、先进金属材料、无机非金属材料、复合材料、电子信息材料、生物医用材料）和深圳（纳米材料、新型建筑节能材料、新型特种功能材料）新材料增长极；

“多园”是指茂名的精细化工产业园、阳江金属新材料产业园、肇庆的高纯稀有金属材料和特种功能材料产业园等新材料产业园区、河源的光伏材料园。

广州以新材料国家高技术产业基地为核心，发展优势特色新材料产业，重点建设新材料创新平台、改性塑料生产基地和碳纤维生产基地，形成国家级新材料产业重要基地。深圳加快建设电子信息材料、纳米材料、二次电池材料、超材料（新型特种功能材料）产业基地。珠海重点发展有机高分子材料、电子化学品、二次电池材料产业基地。汕头重点发展新型锆材料、高端锆产品、特种玻璃、超净高纯电子化学品、云母新材料等产业。佛山依托国家火炬计划佛山新材料产业基地，重点建设高端金属结构材料、新型无机非金属材料、先进高分子材料和高性能复合材料产业基地。韶关重点建设先进金属材料、高性能稀土材料、特种功能涂料、环境友好材料产业基地。河源重点建设稀土发光、硬质合金及新型特种功能材料产业基地。惠州重点建设新型显示材料、二次电池材料、稀土金属材料、石油化工精细化学品产业基地。东莞重点建设电子基材研究生产基地和半导体照明材料、太阳能光伏材料、二次电池材料产业基地。中山重点建设新型电子材料、特种功能涂料、环境友好材料产业基地。江门重点建设纺织化纤、新能源材料、磁性材料产业基地。茂名重点发展石化新材料产业基地。肇庆重点建设高纯稀土、电子功能材料、稀土金属功能材料产业基地。清远重点建设光电子材料、高纯度稀土材料以及轻质高强度结构型材产业基地。云浮重点建设纳米级粉体材料、精细化工新材料产业基地。

电子信息领域重点发展的新型平板显示领域就包括了 OLED 技术的产业化发展。在《广东省发展高端新型电子信息产业行动计划（2010—2012 年)》中，广东省依托广东有机发光显示产业技术研究院，组织产学研联合攻关，重点突破真空镀膜、封装、检验检测等关键设备，TFT基板、ITO玻璃、驱动IC和发光材料等关键材料，以及TFT、蒸镀、封装、光刻等关键技术和工艺。重点发展主动式OLED显示器件，加快完善装备、材料等配套产业链，形成OLED生产线成套集成能力，提升产业价值链。以手机屏的OLED应用为重点，推动OLED显示器件产业化，形成规模生产能力。依托部省共建广东OLED产业示范基地，围绕2.5代和4.5代OLED显示器件项目建设，加快布局装备、材料等配套产业，形成一体化的发展格局，打造佛山、广州、东莞、汕尾等OLED显示产业基地。

2010年11月发布的《广东省生物医药产业发展“十二五”规划》提出：按照重点突出、优势互补、特色鲜明的原则，整合空间资源，促进产业集聚，形成“双核、两岸、三区”的与医用生物材料相关的产业布局。培育龙头企业，壮大产业规模。加强国际合作，提升国际化水平。加强行业管理，提高综合服务能力。加快医用生物材料创新公共技术平台建设，促进关键领域的技术创新，提高产业发展创新能力。

四、强化基地建设

（一）高分子材料领域

（1）广州新材料产业国家高技术产业基地。该基地以广州开发区为核心区（含广州科学城、广州高新技术产业开发区、广州保税区和广州出口加工区等四个功能区），以开发区向南部延伸经黄埔、番禺至南沙区和向西北部延伸经白云至花都区的两个重点发展的南、北新材料产业带，同时配套完善位于这两个产业带及其他行政区的特色材料产业园，以此形成点面结合、相互配套、功能互补的“一区两带多园区”的空间布局。目前广州科学城已集聚了超过100家的新材料骨干生产企业和新材料技术创新平台，基本形成了从研究、开发到产业化的完整产业链。建设广州新材料产业国家高技术产业基地，对促进广州新材料产业集聚、引导产业链价值高端化、打造区域优势产业，以及推动广州经济社会科学发展、发挥广州在珠三角现代产业核心区建设中的示范带动作用具有重大意义。

（2）石油化工产品制造业基地。茂名是中国南方最大的石化工业基地，经过50多年的建设，已经初步形成以中石化茂名分公司和茂名石化工业区为中心的两个区域。目前这两个区域已具备1 350万吨/年的炼油生产能力和100万吨/年的乙烯生产能力，石化产业工业总产值接近1 000亿元。以茂名石化实华股份有限公司、广东众和化塑有限公司、广东新华粤石化股份有限公司为依托，以茂名现有的石化工业基础为支持，努力打造石油化工产品生产基地。

（3）化工材料公共检测平台。公共检测平台（新材料）的设立，是深圳市宝安区委区政府推进自主创新、完善创新环境的又一重要举措。公共检测平台（新材料）的建设与运行，将解决区域内企业在新材料领域的科技成果转化与科技创新中在测试、标准及产品质量等方面的薄弱环节；提高相关企业的核心技术与前沿产品的开发能力。公共检测平台（新材料）依托深圳市格林美高新技术股份有限公司和深圳市环境友好金属材料工程技术研究开发中心组建。由深圳市格林美高新技术股份有限公司耗资1 000多万元兴建的国家认可检测实验室，拥有一批国内先进水平的精密检测设备，在新材料、RoHS、金属制品、化工产品、环境安全等领域的检测方面具有专业化的水平。

（4）深圳市精细化工园。该园区位于深圳市葵涌坝光，深圳与惠州交界处，与中海壳牌乙烯项目隔海相望，规划面积13.05km^2，生态控制面积31.9km^2。2005年12月，园区被正式纳入广东省“十一五”五大石化基地建设规划，与惠州大亚湾石化工业区共同组成大亚湾石化基地，成为广东省“十一五”五大石化基地建设规划的重要组成部分。2009年2月，深圳市、惠州市、东莞市贯彻落实《珠江三角洲地区改革发展规划纲要》合作框架协议中提出的合作打造世界先进水平的特大型石油化工基地，培育和壮大新能源、新材料、环保、海洋、精细化工、生物等产业，形成区域经济新的增长点①。

（二）无机非金属材料

（1）潮州先进陶瓷制造业基地。潮州陶瓷经过多年发展，已成为当地第一支柱产业，并成为全国最具活力、发展最快、规模最大的陶瓷产区之一。省市共建潮州市先进陶瓷制造业基地，有利于推动陶瓷产业发展，完善陶瓷产业链，提升潮州陶瓷整体水平，对广东省传统产业转型升级具有十分积极的示范推广作用。先进陶瓷制造业基地的建设，将有利于系统解决潮州陶瓷产业链不完善、公共服务不足、自主创新能力不强等问题，全面提升陶瓷产业集群发展水平。各级各部门和陶瓷企业根据基地规划和项目分类，主动积极地参与到基地建设中，以陶瓷产业的大发展大提高，进一步巩固“中国瓷都”的领先优势。在陶瓷产业发展的同时，陶瓷作为一种建筑材料的优势将能更明显地体现出来。

（2）佛山国家火炬计划新材料产业基地。2003 年国家火炬计划佛山新材料产业基地在佛山挂牌，落户佛山市高明区沧江工业园，占地 $58km^2$，佛山市根据现有的新材料产业基础与特点，要在先进陶瓷材料、生态环境材料、智能材料、纳米材料等四大领域得到大力发展，形成门类齐全的新材料产业发展体系和具有全国影响力的区域品牌。

（三）金属材料

（1）乳源县铝箔基地。该基地所生产的铝箔产品无论是品种、规格、数量、质量都列全国同行之首，是同行的“领头羊”，并且产品的研发与国际接轨。随着国际、国内市场需求增加，该产业可以不断延伸产业链，其产品可从现有的汽车钎焊箔、空调亲水箔、化成箔、微型马达、电解电容器等延伸到装备制造业的低压电器、微电子和电力电子器件、仪器仪表及自动化控制系统方面。而且为其配套的东阳光电化厂的氯碱产品既可以满足产业自身发展的需要，还可以有余量供应省内市场，填补全

① 深圳精细化工园区. 精细化工原料及中间体，2012，12.

省因产业结构调整出现的缺口。

（2）金属材料测试基地。依托广东韶铸集团有限公司的技术优势和研发平台，建立省金属材料检测中心，从事金属材料等各种黑色及有色金属材料的化学成分分析、机械性能、金相组织、耐腐蚀、耐磨性等参数的测试，填补全省金属材料检测空白。除此之外，还需依托广州有色金属研究院，加快广东省金属材料综合利用检测与评价中心的建设，使广东省的金属分析检测技术达到国内领先水平。

（四）生物工程材料

（1）广州开发区——中科院生命健康研究院。中科院广州生命健康研究院是中国科学院、广东省人民政府、广州市人民政府共同建设的国家级生物医药研究开发机构，其定位为：成为以国家健康和生物医药需求为主导，以国际前沿的致病机理研究、高水平核心技术创新与集成为核心，致力于构筑我国医药、疫苗及诊断的创新研究实体，成为国家健康安全体系中的重要组成部分。

（2）广州开发区——中山大学生物工业研究院。中山大学生物工业研究院由广州开发区和中山大学共同组建和管理。中山大学生物工业研究院将致力于为广州开发区生物产业领域高科技项目的孵化提供专业服务，主要依托中山大学等科研院所的科技力量、科研基地、科技成果和人才、资讯等方面的资源优势，在政府资金的引导下，通过多元化资金渠道的介入，为广州开发区的高新技术发展、产业结构调整和传统产业改造提供技术支持和项目支撑。

（3）珠海三灶生物制药基地。珠海是广东省五大生物医药产业基地之一，其中金山区三灶镇依托遵义医学院、吉林大学、中山大学、清华科技园等高校的技术支撑，大力发展生物制药和高端医疗器械生产，重点培育生物医药产业。目前已落户三灶镇的生物制药（含医疗器械）企业已经有 18 家之多，其中联邦制药、民族制药、亿邦公司、裕岭科技、固加元生物科技、威尔医疗仪器等都是投资过亿元的大项目。

（4）深圳国家生物产业基地。该基地是国家发改委批准认定的首批三个国家生物产业基地之一，项目总投资超过70亿元，建成后年产值有望达1 000亿元。深圳国家生物产业基地占地面积12万m^2，总建筑面积约22万m^2。为了进一步促进深圳生物医药产业发展，深圳编制了《深圳国家生物医药产业基地总体发展规划》，根据规划，基地的空间布局包括核心区和扩展区。其中，核心区在深圳市高新技术产业园区内，扩展区为光明片区和南澳片区。核心区的定位是创新研发、公共技术平台、服务体系建设，加强深圳生物医药产业链的上游实力；扩展区的定位是中试基地、产业化基地，发挥产业集聚效应。基地将重点发展生物医学工程、海洋生物技术、生物制药、现代中药、化学制药等五大领域，通过建立完整的生物医药产业公共技术支撑平台、产业化支撑平台、创业服务平台和政策环境平台，使生物医药产业成为深圳经济的增长极、最具竞争力的创新药物研发及产业化基地、技术含量最高的医疗器械产品生产基地。

五、发展思路探讨

（1）制造驱动，上下游结合。广东新材料产业发展模式与我国科研重地北京、上海、武汉存在差异，这些地区对新材料不同领域具有门类广泛的产业研发体系与各科知识储备，具备选择从产业研发前端到制造的条件与知识支撑。现实的条件约束使得广东新材料产业的发展并不能依赖于前端推进的模式，而应从制造入手，在进一步做大产业规模的基础上逐渐实现外脑的内化与创新能力的提升，在这一过程中面向全球完善广东新材料各产业领域的创新体系，快速提高广东本地企业产业的技术积累与技术能力层次，为最终实现向新材料各产业领域前端的挺进与拓展打下坚实的技术支撑。

（2）市场为主，研发和产业化结合。目前，广东新材料各产业领域发展应以扩大国内外相关领域的市场占有率为首要目标，而同时为抢占未来产业发展的先机，广东也应在支撑广东产业发展的前瞻性领域提前布局，在各产业领域实现广东新材料产业近期发展与长远发展的综合平衡。而这一方面广东应加大在当前具有大规模市场特征的新材料产业领域的投资，实现企业生产能力快速扩张与规模化，支撑广东支柱产业、战略性产业在国内外产业市场的市场占有率；另一方面也要在产业发展前瞻性技术领域，推进民间国际化创业，拓展若干新材料产业领域发展前沿，进行技术与知识的储备，寻求长期持续性的增长。

（3）企业为主，官产学研结合。广东在相当多的新材料产业领域具有典型的强企弱校/所的特征，特别在当前 OLED、生物医用材料、碳纤维等领域表现更为突出，企业远远走在了广东科研院所、高校的前面，虽然近年来广东政府为改变这种情况做了大量的工作，但从调研可以看到效果并不太好。在这种情况下，众多广东已进入或拟进入这些领域的企业，大都把企业技术支撑与技术来源的渠道跨越了广东省内行政区域的范围，在全国乃至全球范围内寻找自身发展的技术支撑，并初步形成了具有广东特色的新材料产业创新系统。在可以预见的时期内广东新材料产业创新系统中这种强企弱校/所的现状还将延续，因此在广东省政府引导的新兴产业推进计划、产业条件支撑等计划中，应坚持以企业为核心，推进产官学研的合作，在全国范围内构建广东新兴产业创新系统。

第五章

广东新材料产业促进政策设计思路与建议

第一节 广东新材料产业促进政策设计思路

一、产业促进政策的理论基础

在经济发展过程中，政府是否需要对新材料产业进行扶持，以及政策扶持的机理、依据和途径都需要在理论层面上进行探讨和论证。

由于政府对产业的发展的干预具有现实的需要，全球绝大多数的国家都制定了有关产业发展方面的相关政策，这些政策综合起来就构成了产业政策的体系。

产业政策是政府通过经济杠杆和行政手段对资源在各个产业间配置的干预，以支持或限制某产业的发展，弥补和修正市场机制的不足，加强资源的配置和加速产业结构化进程。国家产业政策是政府为了实现一定的经济和社会目标而对产业的形成和发展进行干预的各种政策的总和。产业政策的功能主要是弥补市场缺陷，有效配置资源；保护幼小民族产业的成长；熨平经济震荡；发挥后发优势，增强适应能力。产业政策包括产业组织政策、产业结构政策、产业技术政策和产业布局政策，以及其他对产业发展有重大影响的政策和法规。各类产业政策之间相互联系、相互交叉，形成一个有机的政策体系。

产业政策[①]由于研究的角度不同，在国际上尚没有统一的定义。目前，主要有以下几种理解：其一将之理解为是各种指向产业的特定政策，即政府有关产业的一切政策的总和。如："产业政策是与产业有关的一切国家法令和政策。"其二将其理解为是弥补市场缺陷的政策，即当市场调节发生障碍时，由政府采取的一系列补救的政策。如日本学者认为"产业政策是政府为改变产业间的资源分配和各种产业中私营企业的某种经营活动而采取

① 产业政策. http://baike.baidu.com/view/126536.htm.

的政策”。其三是将之理解为产业赶超政策，即工业后发国家为赶超工业先进国家而采取的政策总和。如中国有些学者认为“产业政策就是当一国产业处于比其他国家产业落后状态，或者可能落后于其他国家时，为加强本国产业所采取的各种政策”。从以上对产业政策的各种定义可以看出，各种定义的差别主要在于定义的角度不同。但是，无论什么形式的产业政策，有一点是共同的，即政策的作用对象都是产业。本文的产业政策指“由一国中央或地方政府制定的，主动干预产业经济活动的各种政策的集合”。

由于各国经济发展的阶段、文化与历史条件、国际环境及政治经济形势的不同，因而产业政策在各个国家相差很大。即便在同一个国家，由于经济发展的阶段不同，各时期的产业政策也不相同。产业政策的制定必须充分考虑产业政策所处的现实环境。产业政策必须符合以下几个特点：产业政策的完善性；产业政策是一个多方面多层次的政策体系，其制定和实施要依据整体观念和思维，要求政策的各个方面相互配套和相互协调；产业政策要与其他宏观经济政策相协调；产业政策的制定和实施必须保证技术的发展和更新；产业政策的作用目标是鼓励和促进需要发展的产业尽快建立和扩张，限制不需要发展的产业促使其缩小或向其他产业转产，以保证供给和需求总量的平衡。

具体而言，制定产业政策要遵守其固有的原则：

第一，贯彻治理经济环境、整顿经济秩序、全面深化改革的方针，以产业政策为导向，加强宏观控制，指导市场发育，协调各方面行动，逐步缓解总需求与总供给、消费结构与产业结构的矛盾。

第二，压缩和控制长线产品的生产和建设，增加和扩大短线产品的生产与建设。集中力量，首先把粮食、棉花、煤炭、电力、交通，特别是铁路运输以及市场紧俏的轻纺产品的生产建设搞上去。

第三，按照市场需求、产业关联、技术进步、创汇作用、经济效益等因素，安排好产业发展序列并制定相关的各项政策，明确支持什么，限制什么。同时，要妥善处理好重点产业与一般产业协调发展的关系，处理好生产要素存量调整与增量配置的关系，处理好产业总体配置与发挥地区优势的关系。

第四，当前的产业政策要点是根据长远与近期结合、以近期为主的原则制定的。在治理整顿过程中，将视经济发展情况，对产业政策作相应调整。

第五，产业政策的制定权在国务院。为了保证国家产业政策的实施，各部门和各省、自治区、直辖市及计划单列省辖市人民政府，应根据国家产业政策，结合本部门、本地区的特点，拟定实施办法，并报国务院备案。如果需要对国家产业政策作某些补充规定，须报国务院审批。省以下各级人民政府不再层层拟定实施办法。要处理好实行经济承包责任制和实施产业政策的关系。全国是一个统一的市场，各地必须执行国家的产业政策，不能因局部和短期利益而破坏国家的整体和长期利益。

第六，产业政策的实施，要运用经济的、行政的、法律的和纪律的手段，同时加强思想政治工作。计划、财政、金融、税务、物价、外贸、工商行政管理等部门必须目标一致，协同动作，各项调节手段和措施要相互配套，服从治理、整顿的方针对实施产业政策的要求。

二、广东新材料产业促进政策设计思路

发展新材料产业，要深入贯彻落实科学发展观，全面领会国家《新材料产业“十二五”发展规划》《珠江三角洲地区改革发展规划纲要（2008—2020年）》《广东省国民经济和社会发展第十二个五年规划纲要》的要求，紧紧围绕国民经济和社会发展重大需求，以加快材料工业升级换代为主攻方向，以提高新材料自主创新能力为核心，以新型功能材料、高性能结构材料和先进复合材料为发展重点，通过产学研用相结合，大力推进科技含量高、市场前景广、带动作用强的新材料产业化和规模化发展，以体制创新和技术创新为动力，从资金、政策、法规、机制等方面实行全方位支持，不断提升新材料产业在生产与投资、技术创新、贸易等领域的水平，推动新材料产业持续快速发展。

（一）主要思路

在“十二五”期间，国家新材料领域全面落实科学发展观，围绕扩内需、保增长、调结构、惠民生，以自主创新为主线，坚持满足当前需求与实施长远战略相结合，坚持新兴产业培育与传统结构调整相结合，坚持技术创新引领与市场需求带动相结合，坚持市场机制运作与宏观政策引导相结合，大力实施新材料强国强省战略。紧紧围绕促进节能减排和应对金融危机、保持经济平稳较快发展的当前需求，紧紧把握催生新技术革命和培育战略性新兴产业、支撑经济发展方式根本转变的长远战略，面向国家重大战略需求、面向领域重大科技问题，抢占前沿技术制高点，培育战略性新兴产业新生长点，推进基础性重点原材料产业结构调整与升级，努力实现前沿技术的重点超越和战略性新兴产业的重点跨越，赢得竞争主动权，最终培育形成一批拥有自主知识产权、知名品牌和较强市场竞争力的材料产业链，振兴我国材料产业，有力支撑经济社会健康、协调与可持续发展。

根据《国务院关于加快培养和发展战略性新兴产业的决定》，新材料产业作为战略性新兴产业之一，对于改造和提升传统产业水平，促进产业结构升级具有重要的作用。广东省政府对发展新材料战略性新兴产业高度重视。广东省通过区域统筹和协调，充分发挥自身优势，着力解决突出问题，优化产业政策，提升产业创新水平，促进新材料研发和先进制造基地建设。新材料产业作为战略性新兴产业，其特征决定了促进政策既要有科学政策、技术政策及创新政策等科技促进政策，又要有企业扶持政策、产品推广和产业环境等产业促进政策。全面树立和落实科学发展观，认真贯彻中央和广东省关于提高自主创新能力和产业竞争力的精神，实施自主创新战略，以加快新材料产业发展方式转变为总体目标，以提高新材料产业自主创新能力、增强新材料产业竞争力为核心任务，坚持继续做大、加快做强的方针，壮大产业规模，实现新材料产业健康、协调和可持续发展。

广东省新材料产业总体战略是发挥规模优势、技术装备优势、地域优势、市场优势，通过加强管理，努力提高全行业的人才素质和技术创新能力，努力实现新材料产业的“四个转变”（从以产量为主的数量、速度型向以高产品质量和技术创新为主的质量效益型转变；从劳动密集型向技术、资金密集型转变；从小型、粗放型生产经营方式向规模化、集约化生产经营方式转变；由主要面向国内市场向面向国内外市场的开放型转变）。重点发展以加工型为主的档次高、技术含量高、性能优良的新材料；推行清洁生产，发展循环经济，提高资源能源综合利用水平，优化产业结构，最终实现“由大变强，靠新出强”的产业转型目标。

（二）产业发展目标

1．总体目标

广东省发展新材料产业的总目标是：把握产业技术制高点，打造全国新材料产业基地；创造良好的投融资环境，推动产业规模化、集群化进程；推进产业规章和标准的出台，引导产业健康可持续发展；宣传和激励新材料技术开发，加快新技术应用；培育和储备高端技术人才，促进产业持续发展；提高新材料产业在所有产业中所占的比重，做强广东省新材料产业。

2．阶段目标

到2015年，广东省初步形成新材料产业规模，建立以新材料产业企业为龙头、核心产业链为支柱、共性技术平台为支撑的产业体系；建立产学研结合、粤港合作和国际合作并举的新材料产业创新体系。推广若干个重点新材料品种，实现新材料产业年均增长率超过25%，新材料产业总产值达5 000亿元。

到2020年，广东省基本形成完整的新材料产业体系，自主创新能力进一步加强，成为广东省现代产业体系的主导产业，新材料产值规模在全国位居前列，具有自主知识产权的产品比重在全国领先。形成2～3个产值过100亿元的综合性龙头企业，5～6个超过30亿元的专业性骨干企业，建成若干主业突出、产业配套齐全、年产值超过200亿元的新材料产业基地和产业集群。

第二节　广东新材料产业促进政策制定原则与框架

一、新材料产业促进政策制定原则

在设计广东新材料产业促进政策中，我们一定要结合我国国情和广东省情，遵循以下六个原则。

1．坚持政府政策推动引导和市场导向机制相结合的原则

在新兴产业发展起步时期，主要由政府制定相关政策来推动，新材料产业也不例外。而在市场经济中，新材料产业的发展也必须基于市场机制来调节，不能完全依靠政府的干预来完成。遵循市场经济规律，突出企业的市场主体地位，充分发挥市场机制对资源配置的基础性作用，重视新材料推广应用和市场培育。加强组织协调，注重政策引导，改善市场环境，发挥政府部门在抑制产能扩张、整合社会资源、推动跨区域合作中的重要作用。加强规划引导和政策扶持，发挥政府在产业发展中的统筹协调作用。在新材料产业发展初期，主要通过实施政府计划和制定一定的财政税收政策，鼓励开发、生产、使用新材料产品，促进市场发展，形成产业效应。而一旦新材料产业发展起来，将主要依靠市场机制发挥作用，以市场的导向配置资源，通过市场推进产业发展。

2．坚持重点突破和整体推进相结合的原则

新材料品种繁多，需求广泛，推动新材料产业的发展，必须集中力量攻克难关。发挥政府在资源配置中的引导作用，全方位、多角度地制定新材料产业研发的支持政策和措施，加强与高校和先进企业研发基地的合作，引进国内外专家和国际先进技术，引导新材料产业建立以自主创新为主的技术开发和产业发展体系，促进新材料产业把握技术的制高点，突破关键技术，培育新的经济增长点，夯实新材料产业可持续发展的基础。

3．坚持自主创新和开放合作相结合的原则

加强优势领域的自主创新，集中资源在重点领域实现突破，促进从单向创新向集成创新转变，积极创造条件，大力开展国际合作，引进国内外先进技术、产品和人才，并加强消化、吸收、再创新；同时充分发挥广东省优势，结合国情省情，瞄准新材料产业核心技术，积极自主创新，掌握先进技术，着力推进拥有自主知识产权的产品开发，开发出具有竞争力的产品，占据产业制高点。

4．坚持强制性政策、激励性政策与公共服务性政策相结合的原则

结合新材料产业的特点，在产业发展的不同时期、不同阶段、不同地域等不同条件下，坚持强制性政策、激励性政策与公共服务性政策三大政策相结合，充分发挥各类政策的作用和优点，以节能标准、排放标准等强制性政策为重点，财政补贴、税收减免、信贷支持等激励性政策和宣传教育政策、行业准入政策等公共服务性政策为辅，促进新材料产业政策的完善。同时政策体系既要考虑解决当前急需的问题，有针对性的一事一策，提高政策的效率，又要考虑解决长期存在的深层次问题，系统建立政策架构，提高政策的长期效力。

5．坚持市场开放与产业发展共同促进相结合的原则

广东省地处我国改革开放的前沿，通过改革开放30多年来的建设发展，已形成众多传统基础产业，但是当前广东省正在经历产业转型升级，由传统的高能耗、低效率产业发展模式向低碳、环保、节能的新兴产业转型。新材料产业作为新兴产业，其对传统产业有一定的依赖性，在加大产业生产阶段政策支持的同时，采取必要措施扩大市场需求，通过加大对新材料产品的宣传，推出使用新材料产品的激励措施，引导人民使用新材料产品，提高社会效益和人民生活品质，以持续稳定的市场需求带动新材料产业持续健康发展。这样既达到了对新材料产业的认知，又推动了产业转型升级。

6．坚持协调推进和绿色发展相结合的原则

加强新材料与下游产业的相互衔接，充分调动研发机构、生产企业

和终端用户的积极性。加强新材料产业与原材料工业融合发展，在原材料工业改造提升中，不断催生新材料品种，在新材料产业创新发展中，不断带动材料工业升级换代。牢固树立绿色、低碳发展理念，重视新材料研发、制备和使用全过程的环境友好性，提高资源能源利用效率，促进新材料可再生循环，改变高消耗、高排放、难循环的传统材料工业发展模式，走低碳环保、节能高效、循环安全的可持续发展道路。

二、新材料产业促进政策制定总体框架

新材料种类繁多，不同种类的材料发展特点和规律不尽相同。广东省新材料产业促进政策应立足广东省基础条件，面向产业发展的需要，进一步解放思想，突出体制机制创新，制定具有广东特色的产业政策。

参考国内外经验，综合分析广东省新材料产业促进政策的现状，当前有必要围绕引导性政策、约束性政策、激励性政策、保障性政策，建立广东省新材料产业的促进政策框架（图5－1）。

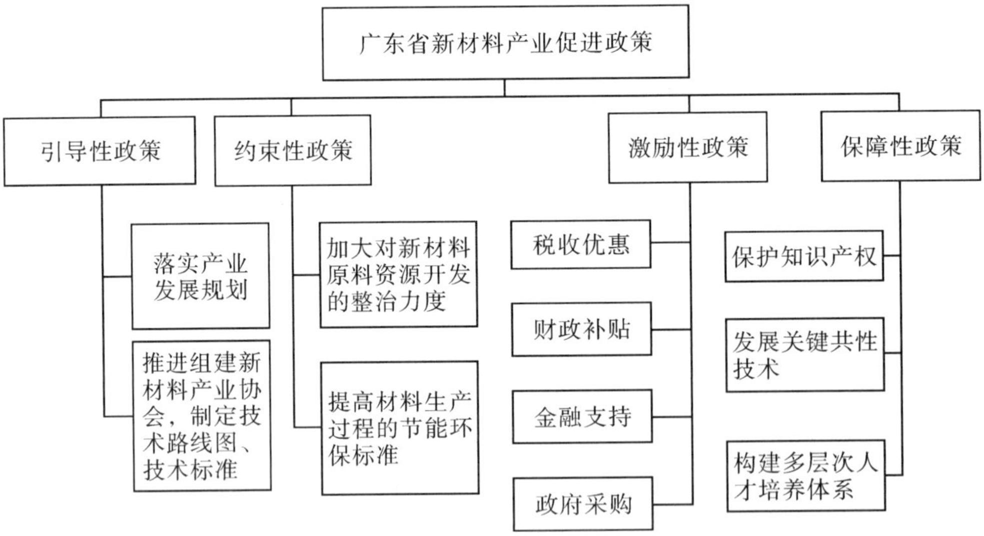

图5－1　广东省新材料产业促进政策框架

1．引导性政策

目前，国家和广东省均已出台新材料产业“十二五”发展规划，对新材料产业做了总体规划和部署，这对新材料产业发展格局产生重要作用。广东省内各级政府应结合自身资源优势，将新材料产业规划纳入城市建设发展规划中进行考虑和论证。落实《国务院关于加快培育和发展战略性新兴产业的决定》要求，建立和完善新材料产业政策体系，加强新材料产业政策与科技、金融、财税、投资、贸易、土地、资源和环保等政策的衔接与配合。

推进组建新材料产业协会，鼓励各类新材料技术路线图、技术标准的制定。建立健全省级新材料产业统计监测体系，把握行业运行动态，及时发布相关信息，避免盲目发展与重复建设，引导和规范新材料产业有序发展。

2．约束性政策

加大对新材料原料资源开发的整治力度，建立健全综合协调机制，充分发挥各职能部门的作用，综合运用经济、法律、行政等手段，加强准入、研发、开采、流通、出口、安全生产、环保等环节的管理。提高材料生产过程的能耗标准、污染物排放标准等，并严格监察，有力推进节能技术的创新和实际应用。

3．激励性政策

通过税收优惠、财政补贴、金融支持、政府采购等多种政策，引导和激励企业发展。激励性政策，能大大加快新材料产业的发展步伐，缩短新材料产业发展壮大的周期。在新材料产业发展初期实施市场准入、政府采购、政府订购、价格补贴、消费补贴、税收减免等政策来推广应用新材料产品；通过实施技术专项、产学研联盟协同创新、鼓励企业设立研发机构、实施研发费用加计扣除等政策来推行新材料产业核心技术的突破。

4．保障性政策

政府应建立统一的协调机构，既要大力投入，又不能造成资源集中浪费和产业的恶性竞争，从全局角度出发指导工作的顺利进行和新材料产业的有序发展；加大对新材料产业的宣传和舆论引导，通过各种媒体渠道，宣传新材料产业的重要性，唤起公众对新材料产业的重视；加强完善新材料产业环境建设，加大基础设施建设的投入，对必要的基础设施实行政府买单；加大基础研发投入力度，对新材料产业共性技术提供研发补助，掌握一批产业核心技术，提高新材料产业的技术保障能力；大力引进和发挥新材料产业高层次人才的作用，充分利用高校、科研院所资源，为高层次人才提供经费和住房保障，着力培育适合新材料产业的人才。

第三节 广东新材料产业促进政策建议

一、加强引导规制性政策，形成新材料产业有序发展格局

1. 落实国家和广东省新材料产业发展规划，完善新材料产业布局

在广州、深圳、珠海等地建设新材料科技创新公共服务平台。依托华南理工大学、中山大学、广州化学所、广州有色金属研究院、清华大学深圳研究院等科研院所，以及各种新材料龙头企业等力量，发挥地域优势，聚集新材料人才，建设广东省新材料研发中心，并积极申报成为国家级技术中心。在此基础上，进一步构筑以企业需求为导向的新材料开发与应用科技创新公共服务平台，为新材料产业发展提供专业技术支撑。

在珠江三角洲建设高新材料产业园。发挥珠三角地区对人才、资本、产业的吸附集聚优势，以省属重点企业为龙头，整合各种资源，创新发展模式，提升服务能力，采取灵活有效的招商引资政策，多渠道多元化筹集发展资金，搭建创新与创业的舞台，吸引国内外的化工新材料、建筑节能材料、光电信息材料、金属新材料、生物医学材料等新材料及应用企业向园区集聚，培育形成具有科技孵化基地功能的高新材料产业基地。

在新材料原料产地建设加工基地，延伸产业链条。高度重视广东省稀土、稀有金属等战略性资源的保护，加强资源储备。合理规划资源开发规模，整顿规范矿产资源开发秩序，依法打击滥采乱挖，提高资源回采率，促进资源高效开发利用。

2. 推进新材料产业协会的组建，鼓励优势行业和企业制订或参与制定标准

瞄准国际先进水平，立足自主技术，健全新材料标准体系、技术规

范、检测方法和认证机制。加快制定新材料产品标准，鼓励产学研用联合开发重要技术标准，积极参与新材料国际标准制定，加快国外先进标准向国内标准的转化。加强新材料品牌建设和知识产权保护，鼓励建立重要新材料专利联盟。加快建立新材料检测认证平台，加强产品质量监督，建立新材料产品质量安全保障机制。

3. 坚持以政府为引导、企业为主体、市场为导向的发展战略

在建立创新基础条件平台、成果转化平台、高新技术创业平台和高新技术企业发展平台等方面，政府要发挥“第一次推动”的导向作用，在其引导下形成社会各方参与的格局，并且通过市场运作，使其取得良好的效益，实现自我良性发展。引导企业加强技术创新机构和能力的建设，实施“企业技术创新示范工程”；引导企业增加研究与开发经费投入；企业适时增加应用研究和基础研究投入。充分发挥市场机制的调节作用，促进高科技的发展。继续对外开放和对内搞活，不断形成新的产业发展龙头。鼓励国内著名高等院校、研究所进行科技创业，促进新一轮的产业集聚和产业升级。

4. 创新市场机制

在发展循环经济建立节约型社会中，政府是主导，企业是主体。市场机制创新的关键是调动千万企业参与循环经济的积极性。如果我们新的市场机制体现不出对广大企业实施循环经济的鼓励和鞭策，反而让企业在参与循环经济时处处感到艰辛和苦涩，那循环经济就依然会是空中楼阁。市场机制的创新要“两手抓”：一手抓是对新材料产业转型的企业要在税收、融资、土地等政策方面给予倾斜；另一手抓是对耗能、耗资源、费水、费土地的产业和产品要在政府规划制定、产业政策实施、市场准入、产品认证等方面给予“堵截”和打击。通过“两手抓”，就会引导大部分材料企业走向循环经济的坦途。

5. 扶持龙头企业和核心技术，实施高新技术产业的品牌工程

一是重点支持具有自主知识产权的项目。突破中高端核心技术，形成完善的产业链，继续保持和扩大新材料产业中的先进技术应用的现有

优势，大力拓展市场腹地及领域，发挥新材料产业的规模优势。

二是加快产业结构调整步伐。走新型工业化的道路，确立我省新材料领域的高端优势，把振兴新材料产业放在更加突出的位置，尽快促进工业结构由粗放型向集约型的演变和升级，重点抓好对国民经济有重要影响的重大技术装备的投入，通过科技攻关和消化吸收国外先进技术，实现新材料产业装备的国产化。

三是培育具有国际竞争力的大型企业集团。重点培育和发展一批拥有著名品牌和自主知识产权、主业突出、核心能力强、市场竞争力强的大企业或企业集团，逐步把几个大企业集团打造成为国内领先、国际知名的高新技术企业“航空母舰”，把一批名牌企业培育成为全国乃至全世界同行业的“单打冠军”，把一批基础好、成长性强的中小型科技企业逐步培育成为广东省高新技术产业各领域的企业龙头，逐步形成一个上下游衔接、布局合理、创新活跃的高新技术企业集群。

二、严格约束性政策，加快材料产业转型升级

广东省是材料生产大省，但传统产业如陶瓷、塑料等占了很大比例。现有的一些材料生产标准化水平较低，如陶瓷行业等，很大程度上是因为标准化水平较低，生产过程能耗标准的制定和实施未受到普遍重视，其中大部分生产用设备没有达到标准，或没有强制性的监察，不能有力推进节能技术的创新和实际应用。因此，要提高材料生产过程的节能环保标准，并严格监察，有力推进节能技术的创新和实际应用。建筑节能产品也应参照家用电器制定节能标识制度，建立健全建筑性能评价体系和能耗标准体系。

在新材料生产原料资源开发方面，不能机械地照搬工业化发展理论，而是要顺应世界经济科技发展的趋势，结合广东自己的具体情况，走出一条具有自己特色的工业化发展道路。加大整治力度，建立健全综合协调机制，充分发挥各职能部门的作用，综合运用经济、法律、行政等手段，加强准入、研发、开采、流通、出口、安全生产、环保等环节的管理。

三、丰富激励性政策，提高新材料产业主体积极性

1. 实行税收优惠政策

对新材料生产企业在开发新技术、新产品、新工艺过程中发生的研究开发费用，未形成无形资产计入当期损益的，在按照规定据实扣除的基础上，可按研究开发费用的50%加计扣除；形成无形资产的，按照无形资产的150%报销。对新材料生产企业优先支持申报高新技术企业，经认定后，享受15%所得税优惠政策；对相关企业从事技术开发、技术转让业务和与之相关的技术咨询、技术服务业务取得的收入，免征营业税。对新材料相关企业行政事业性收费能免则免之，不能免的则按最低标准收取。我国在建筑节能材料和节能环保方面已有一系列的税收优惠政策，这些政策在促进节能环保方面发挥了重要作用。但是，许多节能项目有投入却不产生收入，无法享受现有的税收优惠政策，所以，应在现有税收优惠政策基础上进行补充，从而使商业建筑业主从中直接受惠，提高业主的节能效益。

2. 加大财政支持力度

在广东省战略性新兴产业专项资金中，划出一部分资金专门用于支持新材料产业发展。通过贷款贴息、补助和奖励等方式，重点支持重大关键技术研发、重大创新成果产业化、创新能力建设等项目；划出一部分资金设立新材料产业科技创新专项扶持资金，主要用于对新材料产业相关创新项目和平台的创新基金配套、贴息、补助和奖励，积极争取新材料领域国家重大科技专项以及省、市科技计划资金、创新能力建设、高技术产业化等项目资金支持，并保证项目地方配套资金支持。

3. 积极探索金融与科技创新发展的新模式，形成支持新材料相关企业创新创业的多元化投融资体系

新材料产业的广泛推广与应用离不开金融机构的支持，由于部分项目的资金需求大，投资回收期长，增加了银行风险；另外，国家对新材料行业在信贷等方面也没有明确的政策规定，这就造成了金融服务在新

材料领域作为不大的现状。建议设立创业投资引导基金，重点向新材料产业倾斜，重点吸引国内外风险投资机构、创业投资机构、民营资本等各类资本投资创办新材料企业。创业投资企业采取股权投资方式投资于未上市的中小高新技术企业 2 年以上的，在股权持有满 2 年的当年，可以按照其投资额的 70% 抵扣该创业投资企业的应纳税所得额；当年不足抵扣的，可以在以后纳税年度结转抵扣。同时国家尽快出台金融机构对包括建筑节能材料在内的节能专项支持的相应政策，鼓励银行等金融机构根据建筑节能材料产业的融资需求特点，创新信贷产品，拓宽担保品范围，简化申请和审批手续。

4. 在政府采购目录中，增加新材料产品目录

政府采购应重点支持发展的新兴产业主要包括以新能源汽车和智能电网为核心的新能源、新材料、生物技术和新医药、节能环保、软件和服务外包、物联网等六大产业。对列入国家“节能产品政府采购清单”“环境标志产品政府采购清单”的产品，在价格、服务能够满足采购人要求的前提下，引导各级采购人有限选择购买。属于强制采购目录范围的，各级财政部门要监督采购人必须购买；对列入国家《政府采购自主创新产品目录》和《广东省自主创新产品目录》的新材料产业产品，给予评审加分或优先购买。

5. 推进军民相结合

充分利用我国已有军工新材料产业发展的技术优势，优化配置军民科技力量和产业资源，推进国防科技成果加速向经济建设转化，促进军民新材料技术在基础研究、应用开发、生产采购等环节有机衔接，加快军民共用新材料产业化、规模化发展。在政策上鼓励优势新材料企业积极参与军工新材料配套，提高企业综合实力，实现寓军于民。建立军民人才交流与技术成果信息共享机制，积极探索军民融合的市场化途径，推动军民共用材料技术的双向转移和辐射。

四、完善保障性政策，营造良好的新材料产业发展环境

1. 鼓励创新，扶持和引导企业做好知识产权保护工作

鼓励新材料企业开发具有自主知识产权的新技术、新产品，并在申报国家、省、市各类科技计划项目、技改项目时优先推荐和安排，对列入国家、省新产品计划或重点科技项目支持的，给予资金扶持；鼓励支持企业申请专利和参与技术标准研究制定，对开发高新技术和产品申请国内外专利、参与国家（国际）标准制定的新材料企业给予重点资助；建立重大项目的知识产权审议认证制度，对拥有自主知识产权的重大高新技术成果产业化项目，优先列入市重点建设项目计划，享受绿色通道便利；积极申请开展广东省知识产权园区试点工作，建立知识产权工作机制和保护机制，提高新材料企业知识产权创造、管理、运用和保护的能力。建立并进一步完善工商、知识产权、版权、公安等部门上下和跨部门的协调联动机制，依法严厉打击各种假冒行为和侵害知识产权的行为。对从事新材料生产企业的名牌产品和著名商标进行跟踪和动态管理，强化名牌评定工作的严肃性和权威性，维护名牌和著名商标的声誉和价值。

2. 搭建科研创新平台，协同创新，促进产业优化升级

积极发挥广东现有科研院所、企业技术中心作用，以广州有色金属研究院、中山大学、华南理工大学等高校和科研院所为主体，通过实施省院合作计划，加强与国家相关机构的合作，鼓励多渠道投资共建联合实验室（中心），如企业投资或引入国外资金，将实验室（中心）建成具有较完整的分析测试技术培训、仪器维修、仪器改造、仪器调剂、技术咨询、试剂研制等多种形式的共性技术服务平台。鼓励实验室（中心）等科技创新平台以体制创新、机制创新促进科技创新。跟踪全球新材料新技术，引进成熟的应用技术，加快实现产业化。

3．加强对中小企业和民营企业的科技创新创业扶持，促进产业主体多元化

中小企业和民营企业在中国经济中正日益发挥着越来越重要的积极作用，正成为一支充满活力和发展潜力的经济力量。在广东省新材料领域，绝大多数的企业是科技创新创业型中小企业，因此，应针对中小型科技企业出台更多的相关扶持、支持措施。建议每年将科技创新经费及政府资助的15%用于新材料产业，其中10%用于中小企业；进一步降低中小企业创业的门槛，鼓励更多的科技人员创业；加强科技创业孵化器建设；为中小企业提供融资服务、信息服务、科技创新公共条件平台服务；积极鼓励、扶持本地民营企业的发展壮大；积极吸引外地民营企业投资；为民营企业创造公平公正的发展环境等。

4．引培共举，为新材料产业长期发展提供人才保障

对于一些新材料的重要领域，应解放思想、大胆创新地制定一系列颇具吸引力的人才政策，引进该领域国内外高端领军人才，并为其创造相关条件和环境，实现以人才为突破点，在重要领域取得重大突破和跨越式进展。在引进人才的同时，应积极培育和锻炼本土人才。为此，在科技项目选择和科技资源投入的考评中，不仅要注重出科技成果、出经济效益，还要注重通过这些项目的人才培养情况，形成以项目为纽带，科技发展与人才发展相互促进、相互支撑的良好局面。

推进新材料类交叉学科专业建设，探索新材料专业创新型人才的培养模式，鼓励新材料行业优秀人才来粤从事科研工作，积极培养高级专门人才。支持在大型企业设立博士后科研工作站，建立企校产学研联合人才培养机制。鼓励各类职业院校加快培养新材料产业发展急需的技能型人才。

5．深化国际合作，推进国际交流

鼓励企业充分利用国际创新资源，开展人才交流与国际培训，引进境外人才队伍、先进技术和管理经验，积极参与国际分工合作。鼓励境外企业和科研机构在广东设立新材料研发机构，支持符合条件的外商投

资企业与广东新材料企业、科研院校合作申请国家科研项目。支持企业并购境外新材料企业和技术研发机构，参加国际技术联盟，申请国外专利，开拓国际市场，加快国际化经营。

五、制定产业技术政策，推动新材料产业技术发展

1. 制定产业技术发展规划

结合国家《新材料产业“十二五”发展规划》和《广东省新材料产业“十二五”专项规划》，优先发展高端新型电子信息材料、半导体照明材料和新能源汽车材料，重点培育先进金属材料、新型无机非金属材料、高性能有机高分子材料及复合材料、特种精细化工材料和新型稀土材料产业。经过一段时间的发展，逐步建立起具备一定自主创新能力、规模较大、产业配套齐全的新材料产业体系，突破一批国家建设急需、引领未来发展的关键材料和技术，培育一批创新能力强、具有核心竞争力的骨干企业，形成一批布局合理、特色鲜明、产业集聚的新材料产业基地，新材料对材料工业结构调整和升级换代的带动作用进一步增强。

2. 制定产业技术发展指南

广东省科技厅及各地市科技局积极组织与新材料产业技术相关的省部产学研、重大科技专项课题，围绕高端新型电子信息、新能源汽车、半导体照明（LED）、生物、高端装备制造、节能环保、新能源、新材料八大战略性新兴产业，以竞争性扶持方式为手段，注重项目水平的国际先进性、自主产权的独占性、重大创新的前瞻性、良好收益的经济性。旨在通过这些关键领域高端环节，掌握一批具有自主知识产权的核心技术成果，增强产业发展的自主创新能力和综合竞争力，为打造全国战略性新兴产业发展的重要策源地、高端产业集聚地、国家战略性新兴产业发展示范区提供强大的科技支撑和创新引领。

3. 制定产业技术发展路线

围绕高端新型电子信息材料、半导体照明材料、新能源汽车材料、高性能特种钢铁材料、高端有色金属合金与金属基复合材料、新型节能

和绿色建筑材料、高性能陶瓷材料、高性能有机高分子材料及复合材料、特种精细化工材料、新型稀土功能材料等高技术含量、高附加值的领域，重点突破新材料的结构功能、集成器件和绿色制备等关键和共性技术，实现新材料产业低碳与绿色生产，开发一批综合性能高、资源消耗少、环境负荷低、具有自主知识产权的新材料产品，满足节能环保汽车、信息家电、新型建材、先进装备制造、电子信息等新兴产业对新材料的需求。

以广东省产业“双转移”战略为背景，实现产业的升级转型，在现有的“建筑陶瓷产业”“铝工业”“无铅技术”“LED 产业”“不锈钢产业”“纺织产业”“水泥产业”“稀土产业”等“技术路线图”的基础上，进一步完善健全广东省的传统及新兴产业技术路线图，以实现对产业整体技术发展趋势的预测，推动广东省新材料产业发展迈上新台阶。

参 考 文 献

[1] 康鹏. 论现代建筑节能材料的发展趋势 [J]. 广东科技, 2007, 6(170): 473 -475.

[2] 王少南. 节能建材的发展方向 [J]. 建材发展导向, 2006, 1: 5 -10.

[3] 应雪丹, 蒋涛. 论建筑材料可持续发展的对策与技术途径 [J]. 山西建筑, 2006, 37 (6): 99 -100.

[4] 王清勤. 国际建筑节能经验对我国建筑节能发展的启示 [J]. 节能, 2006, 1: 8 -10.

[5] 倪虹, 牟磊. 我国建筑节能与国外的差距及问题 [J]. 建筑节能, 2002, 2: 52 -54.

[6] 贠英伟, 吴香国, 范丰丽. 我国建筑节能现状分析及对策 [J]. 重庆科技学院学报: 自然科学版, 2006, 8 (1): 62 -65.

[7] 清华大学建筑节能研究中心. 中国建筑节能年度发展研究报告 (2008) [M]. 北京: 中国建筑工业出版社, 2008: 14 -116.

[8] 田荣璋. 铸造铝合金 [M]. 长沙: 中南大学出版社, 2006.

[9] Schlapbach L, Züttel A. Hydrogen Storage Materials for Mobile Applications [J]. Nature, 2001, 414 (6861): 353 -358.

[10] 肖方明. 广东省稀土产业技术路线图 [M]. 广州: 华南理工大学出版社, 2011.

[11] 浅析 2012 年全球 OLED 产业发展现状. http: //www. gdfpd. org/Detail_Info. aspx? ID =2640.

[12] Jansen K. 德国产业用纺织品发展迅速 [J]. 纺织服装周刊, 2011, 9 (28): 29.

[13] 俄国无纺布工业对新国家政策寄予厚望 [J]. 广东无纺布, 2011 (5): 10 -1.

[14] 美国产业用纺织品发展现状. http: //www. cnita. org. cn, 2009 -01 -12.

[15] 日本看好高新技术产业用纺织品发展前景. 中国纺织报, 2011/6/2.

[16] Rumkumar S. 印度产业用纺织品及无纺布行业新投资的探讨 [J]. 广东无纺布, 2011 (4): 14 -15.

[17] Wang Y. 2012 Asia Nonwovens Industry. Global Nonwovens Summit, 2013, 4.

[18] 肖军. 轮胎行业的发展趋势 [J]. 化学工业, 2012, 30 (5): 11 -15.

[19] 刘静安, 罗昭敏. 现代铝及铝加工业的发展特点及国内外发展水平对比 [J]. 铝加工, 2009, 3: 38 -45.

[20] 刘静安. 铝挤压向产业强国起航 [J]. 中国金属通报, 2012, 9: 16-19.
[21] 刘静安. 浅议铝合金材料及加工工业与技术的发展动向 [J]. 铝加工, 2012, 1: 13-18.
[22] 李瑞, 张洪发. 铝合金压铸件在汽车上的应用 [J]. 金属加工. 2010, 23: 59-60.
[23] 何梅琼. 铝铸件在国内外汽车工业中的应用 [J]. 技术与装备, 2009, 8: 34-35.
[24] 刘波. 现代汽车与复合材料 [J]. 高科技纤维与应用, 2007, 32 (4): 27-32.
[25] 张荻, 张国定, 李志强. 金属基复合材料的现状与发展趋势 [J]. 中国材料进展, 2010, 29 (4): 1-7.
[26] Züttel A. Materials for hydrogen storage [J]. Materials Today, 2003, 6 (9): 24-33.
[27] 许进. AB5 型稀土储氢合金负极材料研究进展及发展趋势 [J]. 金属功能材料, 2009, 16 (3): 43- 48.
[28] 郑子樵, 李红英. 稀土功能材料 [M]. 北京: 化学工业出版社, 2003: 166- 206.
[29] Tatsumi K, Tanaka I, Inui H, et al. Atomic structures and energetics of LaNi5-H solid solution and hydrides [J]. Phys. Rev. B, 2001, 64: 184-185.
[30] Hector L G, Herbst J F. Capehart T W. Electronic structure calculations for $LaNi_5$ and $LaNi_5H_7$: energetics and elastic properties [J]. J. Alloys Compd., 2003, 353: 74-85.
[31] 张传瑜, 高涛, 齐新华, 等. 镧基储氢材料氢化物 $LaNi_5H_x$ 的第一性原理 [J]. 中国有色金属学报, 2006, 16: 618-624.
[32] 于振兴. 镁基纳米晶储氢复合材料性能研究 [D]. 哈尔滨: 哈尔滨工业大学, 2002.
[33] 周寿增. 稀土永磁材料及其应用 [M]. 北京: 冶金工业出版社, 1990: 219-334.
[34] 沈庆峰, 杨显万, 刘春侠. 软磁铁氧体永磁材料 [J]. 昆明理工大学学报: 理工版, 2003, 28 (2): 17-21, 37.
[35] 苗圩. 中国发展新材料产业将遵循五原则. 中国新闻网, 2011-09-06.
[36] 浅析 2012 年全球 OLED 产业发展现状. http://www.gdfpd.org/DetailInfo.aspx?ID=2640.

[37] 张传雄，季建兵，李桂梅. 我国产业用纺织品整体经济运行情况及发展趋势 [J]. 产业用纺织品，2011 (8)：1 -5.

[38] 蔡为民. 我国轮胎工业发展现状及对橡胶的需求 [J]. 橡胶科技市场，2010，12：1 -3.

[39] 王晓红. 新型节能型建筑材料的发展趋势 [J]. 现代装饰理论，2011，71.

[40] 于红芳. 常用建筑节能材料的特性及使用 [J]. 山西建筑，2008，34 (20)：158 -159.

[41] 钱伯章，朱建芳. 建筑节能保温材料技术进展 [J]. 建筑节能，2009，(2)：56 -60.

[42] 张庆. 交通用铝方兴未艾 [J]. 中国金属通报，2011，25：16 -17.

[43] 林河成. 稀土储氢合金粉的生产及应用 [J]. 粉末冶金工业，2002，6：34.

[44] 中国稀土在线. 储氢合金产业的发展现状及面临的问题 [EB/OL]. http://www.reht.com/? thread -1533 -1.html.

[45] http://www.c -e -m.com/info/dispnews.asp? autoid =6301.

[46] 翁兴园. 中国磁性材料行业当前的形势与对策及未来发展趋势 [J]. 新材料产业，2009 (2)：37 -43.

[47] 广东 OLED 产业争领先. http://www.gd -info.gov.cn/shtml/guangdong/jrgd/jj/2011/11/09/53664.shtml.

[48] 广东 OLED 产业发展迅猛领跑全国. http://www.oledw.com/oled-news/200906/1478.shtml.

[49] 引入一个团队省 20 亿成本. http://www.fszzb.gov.cn/rcgz/rcdsy/201202/t20120220_3487080.html.

[50] 国家发展和改革委员会高技术产业司，中国生物工程学会. 中国生物技术产业发展报告 (2003) [M]. 北京：化学工业出版社，2003：245 -248.

[51] 刘恒江，陈继祥. 基于动力机制的我国产业集群发展研究 [J]. 经济地理，2005 (9).

[52] 赵友春，张长铠. 生物技术及产业发展趋势 [J]. 现代化工，2003：23 (4).

[53] 符岸. 盘点“十一五”铸就塑料工业大国强省基础 [J]. 塑料制造，2011，3.

[54] 宋瑞英. 绿色轮胎技术开发方兴未艾 [J]. 世界橡胶工业，2012，39 (3)：49 -51.

[55] 陈振基. 南方地区建筑节能的新思考 [J]. 墙材革新与技术节能，2007，

(8): 53 - 54.

[56] 中国玻璃网. www. glass. com. cn.

[57] 刘媛. 建筑节能材料的应用与发展前景的探讨 [J]. 山西焦煤科技, 2008, (4): 39 - 43.

[58] 谭芳, 刘宏成. 建筑节能的政策研究 [J]. 长沙铁道学院学报: 社会科学版, 2007, 8 (2): 203 - 204.

[59] 中国铝工业的发展现状与前景. 中国铝业网, 2008 年. http://www. alu. cn/aluNews/NewsDisplay_24429. html.

[60] 黄福龙, 易树良. 广东铝加工的结构调整 [J]. 中国金属通报, 2011, 47: 16 - 18.

[61] http://www. cn - doublewin. com/cns. asp? url = about. html.

[62] 南方都市报. 广东稀土产业集团挂牌成立 产业整合拉开序幕 [EB/OL]. http://www. shenguang. com/news/2012 - 02/5E8CEE1C4F37447E85F9C13FB184216C. html.

[63] 苏文清. 中国稀土产业竞争力评价和分析 [J]. 稀土, 2004, 5: 71 - 73.

[64] 王静波, 王 萍. 国外生物技术产业发展政策研究 [J]. 中国生物工程, 2003, 11 (23).

[65] 周佳文. 珠三角地区建筑废弃物调研与对策分析 [D]. 广州: 华南理工大学, 2011.

[66] 王爱兰. 发达国家推进再生资源产业发展的经验及启示 [J]. 经济纵横, 2007 (5): 59 - 61.

[67] 郭志芳. 国际循环经济发展概况以及对我国的启示 [J]. 内蒙古财经学院学报, 2007 (3): 53 - 56.

[68] 2009 年武汉市赴美循环经济专题研讨班课题组. 借鉴美国经验加快推进武汉循环经济发展 [J]. 长江论坛, 2011 (1): 29 - 33.

[69] 吕春雷. 基于可持续发展的环境税收制度设计 [D]. 安徽: 安徽大学, 2007.

[70] 王素霞. 美国、德国如何实现建筑节能 [J]. 山西能源与节能, 2006 (1): 11 - 12.

[71] 焦玉莉. 加拿大循环经济的经验及启示 [J]. 理论前沿, 2005 (17): 13 - 14.

[72] 张鸥. 日本发展循环经济的成功经验总结及对中国的启示 [D]. 大连: 东北财经大学, 2011.

[73] 陈超，渡边俊行，谢光亚. 日本的建筑节能概念与政策 [J]. 暖通空调 HV&AC，2002，32（6）：40－43.
[74] 环卫科技网，http://www.cn－hw.net.
[75] 汪明. 科技进步对建筑节能的贡献率 [D]. 哈尔滨：哈尔滨工业大学，2011.
[76] 张小琴，唐维学. 美国与加拿大铝工业技术路线图案例浅析 [J]. 广东科技，2008. 10：81－85.
[77] 刘援朝. 浅析美国铝工业技术创新发展战略 [J]. 世界有色金属，2006，3：14－17.
[78] http://www.zaoche168.com/auto/_01－ABC00000000000114600.shtml.
[79] http://www.ceu.com.cn/02/2006ny104.html.
[80] 朱相丽. 国外储氢材料的研究现状 [J]. 透视，2007，3：54－60.
[81] 李宏乾. 氢能发展呼唤国家级路线图 [J]. 中国化工报，2011，10（2）：11.
[82] 顾钢. 国外氢能技术路线图及对我国的启示 [J]. 国际技术经济研究，2004，4：37.
[83] 孙章伟. 稀土贸易和管理政策比较研究——以日本、美国、中国为例 [J]. 太平洋学报，2011，19（5）：50－59.
[84] 黄桢. TFT－LCD 驱动技术持续升级，申请中国专利数量增速加快 [J]. 中国电子报，2009－03－17（6）.
[85] 黄健，冯瑞华. 浅析日本稀土战略 [J]. 透视，2010，6：37－39.
[86] http://www.ctia.com.cn/Article/2012/100848.html.
[87] http://china.cnr.cn/qqhygbw/201110/t20111009_508591984.shtml.
[88] 陶春. 中国稀土资源战略研究 [D]. 北京：中国地质大学，2011.
[89] 刘明. 北京新材料产业发展战略研究、透视 [J]. 新材料产业，2011，11.
[90] 中央扶持将超过400亿 生物医药“十二五”规划突围. 上海市生物医药行业协会. http://www.sbia.org.cn/plus/view.php? aid＝6308.
[91] 曾辉. 浙江省居住建筑节能技术经济评价体系研究 [D]. 杭州：浙江大学，2008.
[92] 顾今. 上海科技支撑建筑节能减排成效卓著. http://www.risn.org.cn/News/ShowInfo.aspx? Guid＝63dab8f0－87dd－440d－a471－363ff07387e6.
[93] 浙江省重点市（县）纺织产业集聚区转型升级的现状、问题及发展对策. http://www.zjdpc.gov.cn/art/2012/7/19/art_233_102538.html.

[94] 纺织业重重压力下的浙江对策. http://www.zjjm.gov.cn/zl/jj/2010/08/02/1295.shtml.

[95] 南方日报网. http://gd.nfdaily.cn/content/2012-02/06/content_37322609.htm.

[96] http://www.fpdisplay.com/news/2010-10/info-4656-828.htm.

[97] 杨仕超，江峥. 广东建筑节能现状与政策建议 [J]. 建设科技，2007，Z1：30-31.

[98] 徐绍萍. 稀土镍氢动力电池的发展及应用 [J]. 中国金属通报，2011，17：21.

[99] 南方日报. 广东稀土的嬗变：从资源大省到产业强省，2012-2-27.

[100] 产业政策. http://baike.baidu.com/view/126536.htm.